数字媒体艺术专业“十二五”规划教材

网络广告创意与设计

侯玥 编著

中国传媒大学出版社
·北京·

目　　录

第一章　网络广告概述

本章要点

1. 掌握网络广告的特点
2. 了解网络广告的优势及劣势
3. 认识网络广告的种类及表现形式
4. 熟悉网络广告专业术语

第一节　网络广告的概念与内涵

一、什么是网络广告

由于目的不同，关注的焦点不同，网络广告的定义也有很多种。从心理学角度来看，广告是一种具有说服功能的艺术；从传播学的角度来看，广告是以消费者利益作为核心的传播应用；从营销角度来看，广告是具有刺激消费功能的营销工具。因为立场不同，广告的定义也存在一些差别。

"网络广告指在互联网上运用图、文、声、像等媒体形式发布信息的传播行为，目的是推销商品和服务。"①

"网络广告指确定的广告主以付费方式运用网络媒体（互联网、万维网）劝说公众的一种信息传播活动。"②

"网络广告指在互联网站点上发布的以数字代码为载体的经营性广告。"③

---

① 刘友林：《网络广告实务》，中国广播电视出版社 2003 年版。

② 魏超等：《网络广告》，河北人民出版社 2000 年版。

③ 朱明侠、李盾等：《网络营销》，对外经济贸易大学出版社 2002 年版。

以上列举了几种网络广告的定义，各有其侧重的方向。总而言之，网络广告离不开“网络”“广告主”“信息传播”“劝说”这几个关键词。网络广告是一种商业营销手段，也是一种双向的传播活动。

随着移动互联网的兴起与发展，网络广告的内涵和外延也在不断延伸。网络广告不仅在PC端风生水起，在移动互联网领域也开始发展各种丰富的广告形式和内容。我们可以认为，广义上一切借助网络技术，展现在电子终端的付费商业信息传播都是网络广告。

二、网络广告的优势及不足

（一）优势特征

1. 内容形式丰富

在传统广告时代，广告模式相对单一。广播广告传递听觉信息，杂志、报纸广告传递静态视觉信息，而电视则相对综合了视觉、听觉，并出现动态画面和有限的交互元素。互联网的出现，打破了原有的广告内容形式的局限。在任意一个普通的网页中，你都能发现形式各异的网络广告。从简单的文字链接到生动鲜艳的图片广告，有时还会出现让人眼前一亮的视频广告、充满趣味的互动广告，网络使受众对广告的想象空间不断放大。

2. 信息容量巨大

传统广告受到版面或时长限制，传递的信息量相对有限；而互联网则是一个无边无际的世界，用户可以通过网络广告链接进入到其他网站，了解更为细致具体的商品信息，极大地扩展了信息空间的容量。在广告主支付一定费用的情况下，用户可以获取更多的信息。

3. 覆盖人群广泛

网络目前已经渗透到了每个普通人的生活当中，只要具备上网的条件，任何人都可以有机会接触互联网。这张无形的大网覆盖了世界的各个角落。网络广告的一大优势就是覆盖人群数量庞大，可以触及世界各个角落，这在传统广告时代是难以实现的。因此，在今天即使是一家不知名的小企业也可能借助互联网实现人尽皆知的传播效果。

4. 目标人群精准

将广告信息传递给目标消费人群是广告主的希冀。在传统广告时代，电视广告会针对不同频道的不同节目类型投放；报纸广告会针对不同内容板块投放；杂志广告会针对不同细分类型投放，这些都是为了受众的精准定位。而互联网尤其是网络社交媒体实名制的出现则可以大大帮助广告主找到特定的消费人群。借助互联网技术和大数据的运用，网络广告的广告主可以精准筛选网民的各类条件，只将广告信息传递给企业的目标受众，从而降低广告成本，提高投入产出比。

5. 经济成本低廉

虽然网络广告形式不同，但普遍特点之一就是成本低廉。当然，这是相对于电视、广播、报纸等传统形式广告而言的，而且网络广告覆盖人群的广泛也使网络广告的性价比十分可观。

6. 效果易统计

借助网络技术的辅助，用户每一次浏览、点击等行为都能被精准地记录。网络广告对用户最终购买消费行为的促进作用可以直接通过数据进行分析。因此，广告主可以清晰地看出网络广告投放的实际效果，进而对营销活动作出及时判断和适时调整。

7. 内容信息实时化

如果电视上播出的广告内容出现错误，唯一的方法就是撤下广告，重新剪辑；如果报纸广告出现错别字，报社无法收回所有已派发的报纸，只能在下期刊登勘误说明；而如果网络广告出现问题，只要网络广告编辑快速修正，就可避免大量损失。这就是网络广告内容信息实时性——从最初编辑到最终展示，中间历经的过程短暂快速。

8. 互动性强

网络广告的全过程都凸显出互动的特性。体现在用户与品牌的关系维系上，用户可以及时与品牌商家进行沟通交流，可以接入即时通讯软件，联系客服，咨询产品相关信息。同时广告形式也体现出互动性，用户可以参与到广告活动中，甚至直接参与内容的制作。

(二)不足之处

1. 缺乏创意

目前网络广告虽然存在各种新颖的展现形式，但总体而言仍以静动态图片、文字链接或视频为主，交互式广告较少。从广告内容上看，大多数的网络广告缺乏创意表现力，一般都是直接展示产品信息或是利用标题吸引眼球，很少有高质量的广告给受众带来愉悦的感官享受。

2. 海量内容易湮没

网络的一大特点就是内容海量，而正是这个优势导致网络广告的一大弊端，那就是受众很难在漫无边际的广告中看到广告主所希望展示的广告信息。单个广告主的广告内容很大程度上会在海量广告信息中被受众忽略。根据传播学的受众选择性理论，当网民在网络世界中接触到纷繁复杂的信息时，自然会有选择性接触、选择性记忆，这对于广告主来说是极其不利的。他们的目标就是让消费者记住自己的品牌和产品，提升认知度和美誉度，并最终产生购买的消费行为。

3. 缺乏有效的效果评测标准

广告效果评估是企业进行广告营销时的重要一环，是广告主对整个广告活动执行好坏的直接衡量。目前虽然有多种网络广告效果的评测依据，但仍然缺乏市场认可的统一标准。很多广告主对投放网络广告持有观望迟疑态度也正是因为缺乏有效的、权威的评估标准体系。

4. 相关法律法规不完善

网络广告发展到今天不过短暂的十几年，正因为如此，我国网络广告相关的法律法规还处于建设阶段。在传统广告时代，我国有《中华人民共和国广告法》《广告管理条例》等法律法规对电视广告、报纸广告和其他形式的广告进行约束。而今天的互联网广告时代，这些法律法规的监管似乎已显滞后。虽然在新《广告法》中新增了对网络广告的相关规定，但是我们依然可见网络中存在大量含有色情、暴力等不良信息的广告，对受众尤其是青少年群体带来负面影响。同时，因为广告主门槛的降低，网上还存在大量内容虚假的广告。网络广告形态众多、技术比较复杂，具体的问题不可能在一部法律中规定得很细，相信日后还会出台更为详细的网络广告管理办法。法律法规的不完善将严重阻碍网络广告行业的健康发展，降低广告受众的信任度。

三、网络广告的影响

（一）网络广告对传统广告的影响

网络广告以其覆盖范围广、互动性强、形式多样等优势逐渐受到广告主的青睐，同时也对传统广告形式造成一定的冲击。冲击主要体现在：

1. 市场份额发生变化

在传统广告时代，电视、报纸、杂志、广播、户外广告统领了广告市场。而随着网络广告的兴起，原有的广告模式份额发生了一定的改变。

根据央视市场研究股份有限公司（CTR）的数据显示，2013 年传统媒体广告市场的整体增长仅为 6.4%，低于同期 GDP 增速。艾瑞咨询（iResearch）数据显示，2012 年网络广告收入超越报刊；2013 年网络广告市场规模达到 1100 亿元，几乎追平电视；[①]2014 年网络广告市场规模达到 1539 亿元，同比增长率达到 40%；2015 年网络广告市场规模达到 2093 亿元。由此可以看出，新形式网络广告的出现极大程度上抢占了传统广告的份额，给整个广告行业带来了巨大的改变。

2. 节目内容形式的创新

网络广告丰富的内容和形式给了传统广告极大的发挥空间，比如在电视广告节目中增

---

① 崔保国：《2013 年中国传媒产业的发展格局——兼论传媒的核心产业与关联产业》，《新闻与写作》2014 年第 5 期。

加了对网络渠道的宣传，通过扫描二维码或登录网站等形式打通多种媒体平台。报纸、杂志等印刷广告则在形式上有所突破，尝试结合 APP 的使用，实现虚拟动态的效果展示。总而言之，传统广告正在朝着数字化、多媒体化的方向发展，以期在网络广告一片大好前景的数字时代迎来另一次重生。

案　例

让平面广告“动”起来

2012 年，汽车品牌雷克萨斯运用自创的一种叫 CinePrint 的技术，在著名的《体育画报》(*Sports Illustrated*)杂志中投放了一则平面广告。本身一则普通的平面广告并不稀奇，但其创新之处在于平面广告与其 iPad 广告相辅相成。用户只要将 iPad 插入到特定一期的平面广告中，就能制造出汽车前灯点亮、车轮飞转等酷炫的效果，令读者眼前一亮。这次平面杂志广告与电子网络的融合创新也被誉为“史上最强互动印刷广告”。① (如图 1-1)

图 1-1　雷克萨斯互动广告

3. 重新评估广告标准

网络广告的低廉成本以及精准可测的效果评估给“浪费一半广告费用”的传统广告带来了巨大的冲击。广告主开始重新审视传统广告的效果监测标准，他们会评判广告媒体的投入产出比，寻找最佳的媒介组合。

(二)网络广告对网民的影响

1. 影响消费行为

根据 2003 年艾瑞咨询对《第一届艾瑞网民网络习惯及消费行为调查》的结果显示，网络

① 案例来源：梅花网《雷克萨斯：史上最强互动印刷广告》。

广告成为电视广告之后的主要影响广告媒体之一，近七成网民认为网络广告对消费行为有所影响（如图 1-2、图 1-3）。从中可以看出网络广告对消费者的影响力越来越大，直接或间接影响着消费者对企业品牌的观念和态度。

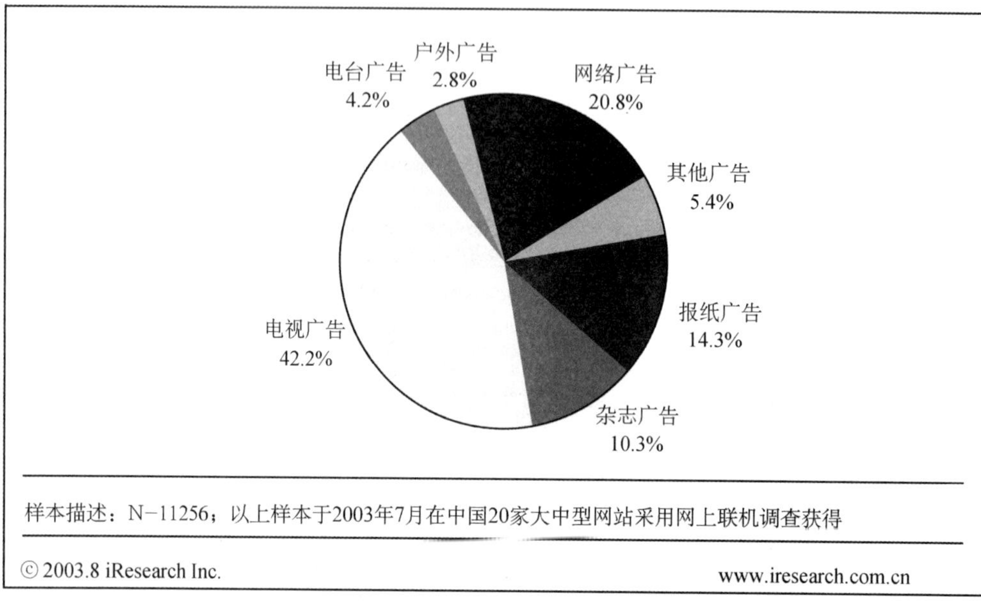

图 1-2 最影响网民消费行为的广告类别

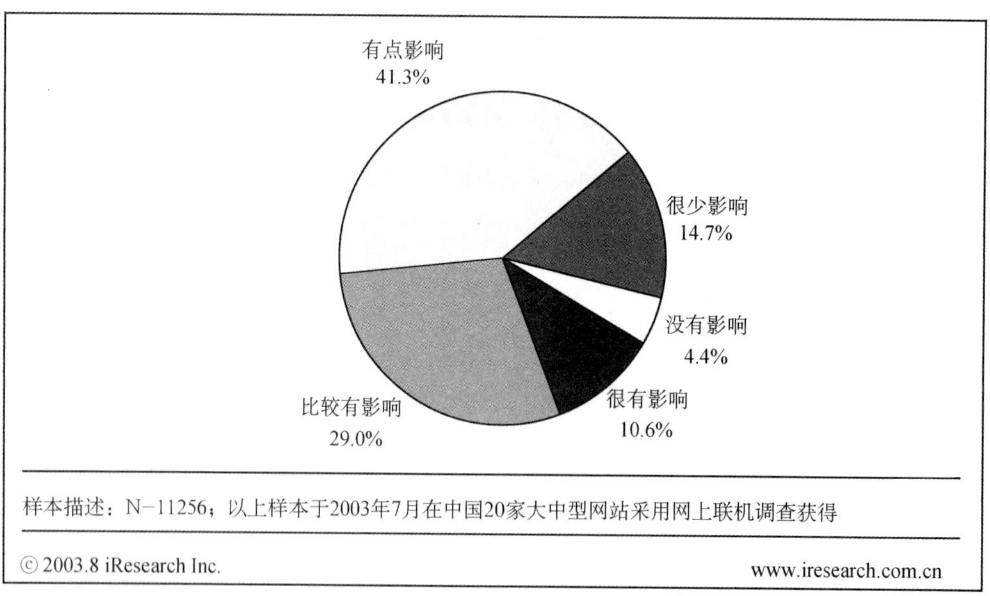

图 1-3 网络广告对网民消费行为的影响程度

2. 信任度增加

2013 年尼尔森全球广告可信度调查报告对来自 58 个国家、超过 29 000 位网络受访者针对 19 种广告形式对消费者消费意愿的影响展开调查。根据报告显示，中国网民对互联网各种形式的广告信任度正在逐渐上升，品牌网站、网上消费者评价等类别甚至超过了传统广告（如图 1-4）。

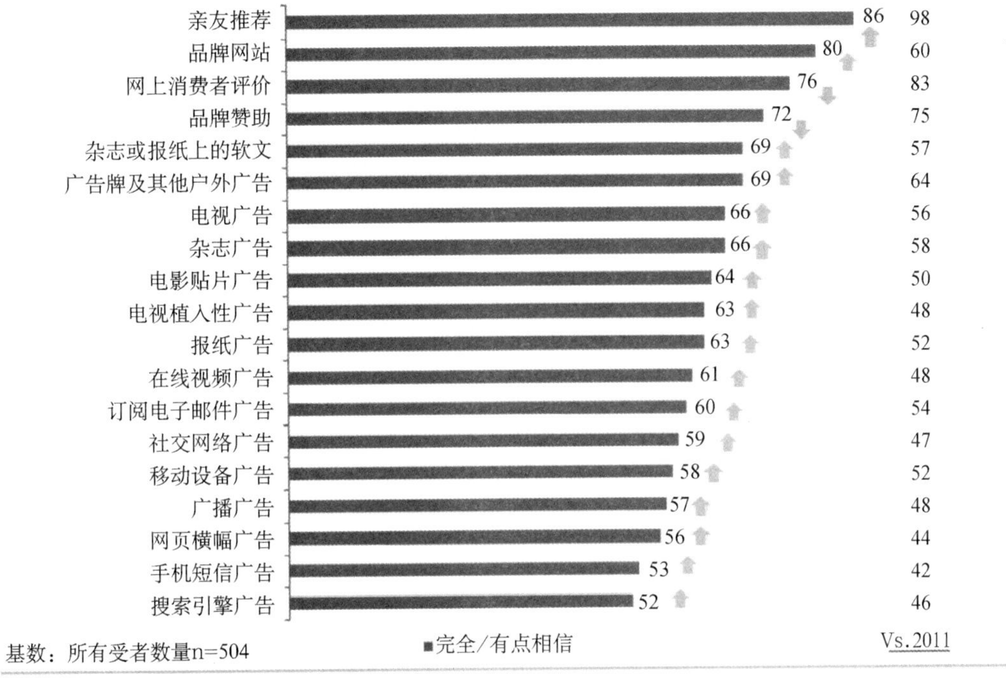

数据来源：2013 年尼尔森全球广告可信度调查报告。

图 1-4　不同广告形式的信任度

3. 抵触与反感

受众对广告的态度永远是复杂的：一方面，消费者对企业的广告宣传有一定的需要；另一方面，又容易产生厌烦情绪。网络广告与其他商业广告形式一样，会影响受众正常的上网体验。铺天盖地的网络广告信息同样会给用户带来压迫感，让其产生抵触心理。尤其是网络广告中存在着质量不高、内容低俗的信息，严重影响了网民的上网体验。很多网民开始使用广告拦截软件来屏蔽和过滤广告。

（三）网络广告对营销的影响

1. 品牌推广

网络广告作为企业促销的一种形式，最重要的就是传达广告主的营销信息。很多受众并没有直接点击网络广告，但在浏览页面的过程中接触到了企业的品牌理念，从而加深了印象。特别是网络广告的互动和多媒体应用等特性相比传统媒体更具优势，受众更容易被吸引，广告主营销效果更佳。

在各种广告形式中，中国消费者最信任来自亲友的口碑传播。传统广告的可信任度依旧较高，但网络、手机广告信任度也在增长。

2. 促进销售

在传统广告时代，从消费者接触广告信息到完成购买消费行为通常需要一定的时间过程。但借助网络电商的发展，受众在网上看到了感兴趣的产品信息，就可以直接通过跳转链接进入特定电商网站，快速实现消费。整个过程非常短暂。即使不在网络上实现交易，消费者也会在线下实体店进一步了解相关信息或完成购买。总而言之，网络广告对企业实际销售活动会产生较大的促进作用。

3. 消费者关系维护

顾客关系管理（CRM）在当今企业营销活动中扮演着越来越重要的角色。企业需要知晓自己的忠实消费群体是哪些人并对其进行长期关系维护。在传统广告时代，这些消费者是隐藏在媒体背后的，企业往往需要借助其他方式接触到他们，而现在只要通过网络广告的点击或浏览记录，广告主就可以从行为路径对消费者进行分类，对重点顾客进行关系维护。

第二节　网络广告的传播特征与价值

一、网络广告是一种传播活动

在传播学领域中，哈罗德·拉斯韦尔提出了传播五要素的概念，即传播者（Who）、传播内容（Says What）、传播渠道（in Which Channel）、传播对象（to Whom）和传播效果（with What Effect）。广告作为一种付费的传播过程，同样具有这五个要素，具体表现为广告主、广告信息、广告媒介、广告受众和广告效果。

（一）网络广告的传播者——广告主

“广告主，指为推销商品或者提供服务，自行或者委托他人设计、制作、发布广告的法人、其他经济组织或者个人。”[①]网络广告的广告主就是通过网络渠道发布广告信息的机构或个人。没有广告主，整个广告活动就失去了价值。因为媒介资源昂贵，在传统广告时代广告主

① 卢小雁、张琦：《电子媒介广告》，浙江大学出版社 2006 年版。

大多为企业，而网络广告的广告主既有大企业大品牌，又有小企业甚至是个人，这在传统广告时代是很少见的。

目前投放网络广告的各大行业包括房地产、食品饮料、交通、网络服务、化妆品及浴室用品、金融服务、IT产品、娱乐休闲、医疗服务、零售服务行业等。根据艾瑞咨询发布的《2015年网络广告行业年度监测报告》，2014年展示类广告的广告主前三名分别为交通行业、房地产行业和食品饮料行业。

（二）网络广告的传播内容——广告信息

广告信息指广告主通过广告传递给受众的内容信息。一般与企业品牌形象或产品相关，包括产品信息、服务信息、观念信息等。广告主的营销目标不同，所传达的广告信息的内容就不同。在推广新产品上市或为了促进销量时，广告信息主要是介绍产品的功能，通过塑造广告场景传授给受众使用知识。而当企业进入发展成熟期后，为了维护企业知名度和美誉度，也会投放企业形象宣传广告。此外，有些特殊行业，比如烟酒行业，因为政策的限制无法直接明显展示产品，它们的广告信息则更多地围绕品牌文化进行宣传。

同时，广告信息需要考虑受众的接受程度，在双方都能理解的基础上最清晰明了地展示。

在传统广告时代，因为资源有限，广告信息往往被压缩，受众很难详尽地了解广告主的品牌和产品信息。但网络广告信息受限相对较少，通过多种广告形式的运用，受众可以在相对较长的时间和较大的空间内接收并理解广告信息。

（三）网络广告的传播途径——互联网

“传播意义上的媒介指传播信息符号的物质实体。”[①]广告媒介则指广告传播所采用的媒体渠道，即信息传递的载体。

按照传播介质的不同，媒介可分为印刷媒介、电波媒介和其他媒介。发展到今天，传播媒介经历了早期符号媒介—手抄媒介—印刷媒介—电子媒介—网络媒介的发展历程。按照传播活动中的作用可分为人际传播媒介、组织传播媒介、大众传播媒介。在传统时代，电视、广播、报纸、杂志是大众传播媒介，而互联网的出现则融合了人际传播媒介、组织传播媒介和大众传播媒介的边界。

网络广告的广告媒介显而易见是网络。脱离了网络，也就无所谓网络广告传播。网络为广告传播搭建了一个极其宽广的平台，连接广告主与屏幕前数以亿计的受众群体。

---

① 胡正荣：《传播学总论》，北京广播学院出版社2004年版。

(四)广告受众

广告受众即广告主所设想的广告信息内容的接收者。在营销活动中主要表现为目标消费者。而网络技术决定了网络广告的受众是上网的人群即网民。但互联网的海量内容及不同的进入路径意味着广告受众在网络中存在分流,这一点在很大程度上有别于传统广告。

根据 CNNIC《第 33 次中国互联网络发展状况调查统计报告》,“截至 2013 年 12 月,中国网民规模达 6.18 亿人,全年共计新增网民5 358万人。互联网普及率为 45.8%,较 2012 年底提升了 3.7 个百分点。整体网民规模增速呈现放缓态势。”(如图 1-5)

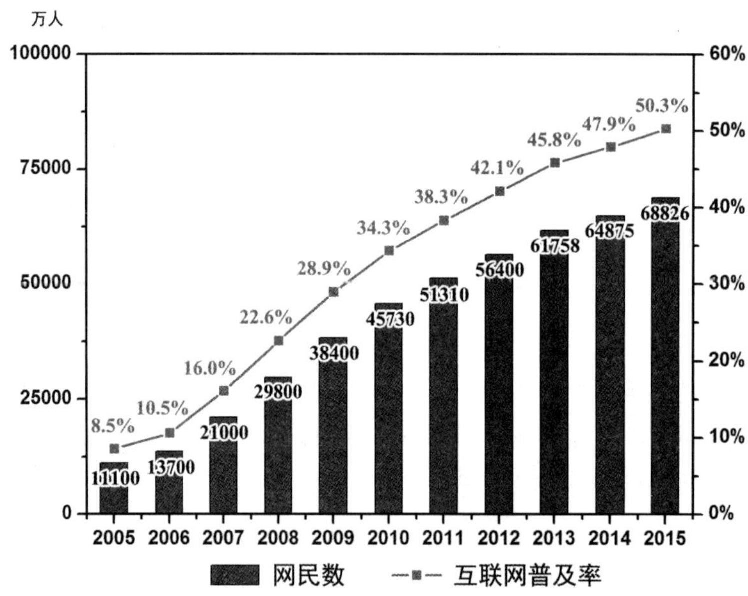

图 1-5 中国网民规模和互联网普及率

在网民属性方面,截至 2013 年 12 月,“我国 20—29 岁年龄段网民的比例为 31.2%,在整体网民中占比最大。而低龄和高龄网民略有提升,这意味着互联网的普及继续深入。”在学历结构方面,高中及以上学历人群所占比例超过一半,整体水平较高;在经济水平方面,“月收入为 2001—3000 元和 3001—5000 元的上网群体规模最大,在总体网民中占比分别为 17.8%和 15.8%。”从消费者特征来看,这部分人群也是大多数企业的目标消费群体。广告受众和目标消费者有一定的契合度。

(五)网络广告的传播效果——广告效果

“广告效果指一次特定时期内的广告所取得的结果,以及与预定目标的距离。”衡量一则广告的效果并不是仅仅看广告的到达率或广告前后的销售量增幅，因为广告的目标是多层次的——有时候还要看广告是否能提高企业和产品（品牌）的知名度、信任度；是否能更新顾客的观念，增进沟通和理解；是否能产生远期的效果等。①

网络广告的互动性、多媒体性使广告信息的传达更为生动多样，传播效果也得到了深化。

广告效果的衡量一般有三个维度：注意、到达和行动。首先，广告受众是否接触到网络广告；其次，受众是否理解接受广告信息；最后，受众是否进行下一步购买行为。相对于传统媒体的广告效果测量，网络广告有其准确、及时的优势，能对广告受众进行直接监测。同时，网络广告效果评测更为客观、公正，无需人员的参与。这些都是传统广告效果测评难以实现的。

但是目前网络广告效果测评也缺乏相应的规范，亟待建立统一的、权威的标准。

二、网络广告的传播特征

（一）传播内容丰富

在传统广告时代，很难有一种媒介形式可以涵盖如此多的信息内容，而互联网时代这个梦想却变成了现实。在网络传播中，广告主可以使用文字、图片、声音、视频等多种形式向受众传递广告信息，对受众的视觉、听觉进行多重调用和刺激，产生全方位、立体的传播体验。

（二）传播范围广泛

覆盖最多的人群是所有广告主的梦想。电视、报纸、广播在大众传播时代所实现的覆盖量被互联网时代轻松地超越。传统的百万覆盖量在亿万网民数量面前显得微不足道。

（三）传播过程双向互动

传统的电视广告、报纸广告等形式更多的是单方面的传递过程，受众只能被动地接收而很难及时有效地反馈。即便是可以互动的实时广播广告，互动形式也比较单一，反馈时间也较长。但网络的快速实时性使广告在展示的同时就能提供受众互动的机会。可以与客服人员进行线上咨询交流，可以评论，留言自己的感想。

（四）传播时效性强

无论传统媒体更新再迅速及时，都很难有一种媒体可以实现互联网的零时差。所编即所见的实时性赋予网络广告即时、快速、传播的优势。在一些特殊事件发生时，广告主需要

---

① 卢小雁、张琦：《电子媒介广告》，浙江大学出版社2006年版，第158页。

作出及时有效的回应，网络传播就成为最佳的方式。在必要的时候，网络广告可以做到24小时随时更新，将网络传播的实时性发挥到了极致。

（五）传播易保存

数字信息的方便存储赋予了网络广告易留存的特点。无论是文字信息还是图片画面甚至是动态视频，都可以用数字化方式保存到个人电脑空间中。不仅无须占用任何实体空间，同时强大的信息检索功能让受众可以随时随地调取查看，并有机会在日后进行二次传播。

三、网络广告的传播价值

（一）受众群体扩大

借助互联网的传播，网络广告的受众群体空前壮大。作为一个全球性的媒体，网络内容覆盖的人群超越以往任何一种单纯的媒介。同时，不同于传统媒体受众之间相互独立的特点，互联网的网络结构也决定了网络传播的价值呈现指数型增长。每一位受众都可能成为信息的二次传播者，广告的传播范围在互联网上发挥到极致了。

（二）传播效果优化

互联网双向互动的特性使网络广告摆脱了传统广告刻板单调的展现形式。借助多媒体的运用，受众对传播内容的兴趣剧增，传播效果也得到增强。受众以高参与感融入广告传播活动中。

（三）传受者关系增强

传播过程中存在两个重要的主体，即传播者和受众，体现在网络广告中则为广告主和目标消费者。

在传统大众传播时代的广告活动中，广告主和消费者往往是独立的。大众传播的受众相对于传播者而言具有隐匿性，传播者可以了解受众整体的主要特征和愿望，却无法了解单个受众的具体情况。广告主通过前期调研对目标消费者进行定位，选择合适的广告媒介，接触特定群体并传递广告信息。在整个过程中广告主并未直接地接触单个受众，而是封闭单向地传播，并不知道受众的实际反应。而只有当广告主（传播者）提供那些受众乐于接受的广告内容（传播信息）时，广告营销（传播活动）才有意义和价值。

但在互联网广告传播中，传播者和受众则是双向互动式的传播。每位受众不仅能直接接收到广告主传递的信息，更能利用其他途径与广告主进行沟通交流。传统广告的单向传播模式融合了双向互动效果，增强了传受者的关系。一方面，广告主知晓受众的态度反应，可以适时对传播内容作出相应的调整；另一方面，受众直接与广告主互动，获取的信息更详尽，传播效果更强。

第三节　网络广告的主要类型

一、以广告内容形式划分

（一）基于文本的广告

1. 文本链接式广告

文本链接式广告（text link）是以文字链接的形式，在门户网站或其他热门主流网站的页面上插入可以直接访问广告主相关网页的链接，通过其他网页的访问，吸引用户点击进入被链接的广告主相关站点，从而获取营销信息。

文本链接式广告的优点是对用户干扰最少，也是一种增强广告主网页流量效果的最佳方式。

2. 内容植入式广告

在内容中植入广告信息是传统印刷媒体常见的一种广告形式，通常又被称为“软文”。借助相关文本内容宣传广告主产品或服务，从而提升受众对品牌的好感度。内容植入式广告（product placement）对受众的影响往往是潜移默化的，在不知不觉中受众接触到广告主信息，抵触情绪降到最低。

但在网络广告中，内容植入式广告更为隐性。尤其是随着社交媒体的流行，原生广告（native advertising）的概念逐渐走红。如今业界对原生广告的定义众说纷纭，其本质就是将广告信息变成有价值的内容，让用户有更好的体验，自然地接收广告信息。

原生广告的特点在于广告内容本身就具有价值，而不是简单的信息介绍，更像一种知识。在广告不影响原本的内容质量、不破坏文章结构风格的基础上，原生广告强调用户的主动传播。受众乐于将原生广告内容进行二次甚至多次传播，乐于与身边好友分享。

内容植入式广告的优势在于对受众的干扰最小，同时借助其他内容的吸引力，广告对用户的黏性较强。但内容植入式广告适用的行业较少，对内容质量的要求也非常高。硬性的广告植入反而会令受众反感，广告效果适得其反。

3. 搜索引擎广告

搜索引擎广告（search engine advertising）是指广告主根据自己的产品或服务的内容、特点等，确定相关的关键词，撰写广告内容并自主定价投放广告。当用户搜索到广告主投放的关键词时，相应的广告就会展示（关键词有多个用户购买时，根据竞价排名原则展示），并在用户点击后按照广告主对该关键词的出价收费，无点击不收费。[①]（如图 1-6）

图 1-6 百度搜索广告

搜索引擎广告的形式有关键词广告、竞价排名广告、地址栏搜索广告和网站登录广告等。

搜索引擎广告的优势如下：

(1)针对性强

广告主投放搜索引擎广告时，已经根据自身行业特点确定了搜索条件和关键字。只有当用户搜索此类信息时才会出现相应广告。因此，实际点击的用户绝大部分都是广告主的目标消费者。这样便使广告投放实现了精准匹配，直接针对有需求的消费者群体。

(2)受众广泛

根据艾媒咨询《2015—2016 中国移动搜索市场研究报告》的数据，截至 2015 年 12 月，我国移动搜索用户已达 6.01 亿。每天都有数以亿计的网民通过搜索引擎获取网络中的海量信息。作为重要的入口，搜索引擎能覆盖广泛的受众群体，并直接带领用户接触广告营销信息。

① 参考百度百科“搜索引擎广告”词条。

搜索引擎广告的不足之处如下：

(1)竞价排名易造成恶性竞争

目前搜索引擎广告主要依靠竞价排名，这就容易导致同行业之间对关键字搜索付费的恶性竞争，不能将最优质的搜索结果展现给用户。同时，每个关键字都得进行竞价，对广告主而言任务十分烦琐。

(2)受众群体有限

搜索引擎广告的前提是用户主动搜索关键字。这就给用户群体带来了门槛，缩小了范围。广告主需通过其他广告形式影响受众或者仅仅依靠用户自身对相关行业产品进行主动搜索。因此，搜索引擎广告的被动性较强。

4. 电子邮件广告

电子邮件广告(E-mail advertising)从传统的直邮广告演变而来，某种意义上具有直邮广告的特点。广告主通过电子邮件直接与消费者沟通，传递消费者感兴趣的内容信息，同时也是广告主维护与消费者关系的一种有效途径(如图 1-7)。

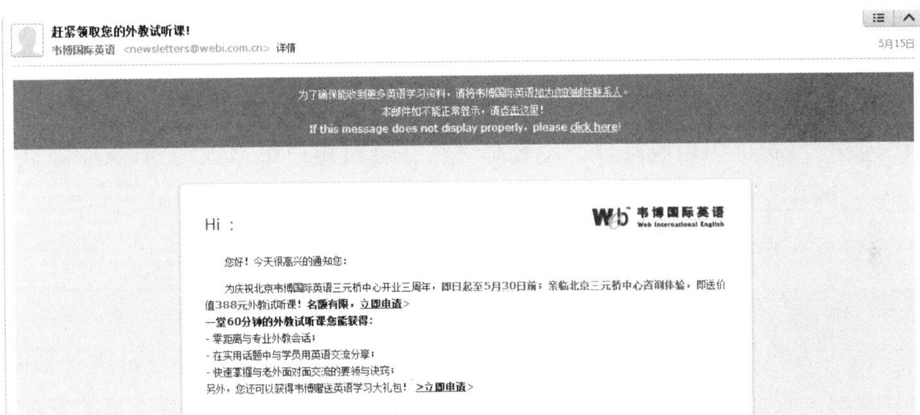

图 1-7　电子邮件广告示例

电子邮件广告的优点如下：

(1)成本低廉

准确地向目标消费群投放广告，节约广告成本。通过电子邮件广告商建立的数据库，广告主可以设定收信人的年龄、性别、学历、工作状况和月收入等，从而能够准确圈定目标消费群。广告主因此不必再支付非目标市场的广告费用，节约大量广告成本。这对电视、报纸等传统媒体来说是不可能实现的。

(2)简单快捷

电子邮件广告的制作和维护比传统媒体更为简单、快捷。借助网络技术，电子邮件广告同其他网络广告一样，只要确定了设计方案，即可马上交由技术人员制作和投放，整个过程可以在短短几天甚至一两天内完成，其操作简单、快捷，并为广告主节省了设计制作和投放以外的大量成本。

(3)反应迅速

在瞬息万变的市场竞争中，时间就是最宝贵的资源。因此，广告主需要根据当下的市场情况以及一些突发事件作出快速、及时的反应。但传统媒体由于制作相对复杂，往往具有滞后性。网络广告制作简单、快捷，成为现代市场营销中反应时间最快的“先遣部队”。电子邮件广告就具有这样的作用。通过电子邮件广告，企业可以在短短几小时之内把广告信息传递给数十万目标消费群体，以快速赢得宣传战。

(4)覆盖率高

电子邮件广告发送后将存放在接收者的邮箱里，直到被删除。这意味着，电子邮件广告不会遗漏在广告活动期间没有时间留意广告的目标消费者。因此，电子邮件广告对目标市场的覆盖率远远高于其他形式的广告(包括传统广告和其他网络广告)。

电子邮件广告的不足之处在于：

现在提及电子邮件广告，更多人想到的是垃圾邮件。如今个人邮箱地址已不再成为隐私，电子邮件广告以其低廉、传达率高等特点成为广告主的选择。其中，那些未经用户许可接收的电子邮件则被称为垃圾邮件。垃圾邮件往往会给用户带来被动感，从而降低邮件内容的阅读率。即使是用户许可的发邮件者，大量高频率的电子邮件也会让用户厌烦，因此电子邮件广告投放应把握合适的度。

5. 赞助式广告

赞助式广告(sponsorships)是网络广告形式的一种。赞助有三种形式：内容赞助、节目赞助、节日赞助。赞助广告在传统广告中得到了成熟的发展，尤其是电视节目的赞助曾为广告主带来颇丰的收获。比较著名的赞助案例包括 2004 年蒙牛酸酸乳对《超级女声》的赞助以及 2012 年加多宝对《中国好声音》的冠名。

在网络广告赞助中，比较常见的是利用特定节日和节目进行赞助，比如世界杯、奥运会等重大赛事以及一些网络节目(如图 1-8)。

赞助广告借助节目或事件本身的影响力传播，无须进行过多宣传，是一种相对简单且有效的传播方式。

但是赞助广告需要品牌自身与被赞助事件有一定关联，不然就容易变成简单的横幅广告。优秀的赞助式广告能将品牌和产品植入到事件当中，让受众在参与事件的同时自觉地接受赞助品牌，并与其进行互动，实现传播过程的双赢。

比较经典的赞助式广告有伦敦奥运会期间宝洁开展的“为母亲喝彩”活动，该广告实现

图 1-8　中国电信天翼赞助搜狐 2014 巴西世界杯专题页面

了良好的营销效果。

案　例

“宝洁:为母亲喝彩”奥运赞助广告①

营销种类:新媒体事件整合营销

广告主:宝洁

媒体:腾讯、新浪微博、官网 mini-site、电商

实施时间:2012 年 2 月 28 日到 2012 年 7 月

核心策略:在距伦敦奥运会开幕 100 天之际,宝洁将通过推出“感谢母亲”主题广告活动来感谢每一位运动员背后的无名英雄——母亲,该活动将一直持续至奥运会结束。此外,该活动还结合搜索引擎、微电影、与奥运名人合作、在线社交媒体、电商、电视和平面广告等一系列传播渠道来进行宣传推广,通过线上活动等方式帮助人们感谢母亲,同时达到扩大宝洁品牌影响力的效果。

【案例背景】

品牌诉求:提升产品品牌知名度、关注度以及好感度。

国际奥委会(IOC)合作机构之一的宝洁公司是帮宝适、汰渍、吉列、碧浪、佳洁士、

① 《媒介》,2012 年 8 月互动营销专刊。

金霸王、海飞丝、玉兰油、护舒宝等品牌的母公司。宝洁打算借奥运之机对世界各地的母亲们多年来的支持表示感谢，此次活动的思路在于母亲作为快速消费品主要的购买决策者，此举可深度落实宝洁在母亲们心目中的地位，从而在精准的消费群体中有效地形成立体的、话题性的、经久不衰的品牌效应。同时利用母亲作为宣传点易打动年轻人群体的特点，提高人们对宝洁这一品牌的好感度。

目标对象：宝洁是日化用品公司，此次活动的目标对象为日化用品的购买者、使用者，除了长期日化产品的购买者——母亲外，此次活动还通过打亲情牌的方式博得年轻人的好感。

媒体策略：此次宝洁与腾讯合作，利用旗下的整体媒体资源，助力宝洁达成目标。此次与腾讯的合作有腾讯网、腾讯视频、腾讯QQ、腾讯微博等多个媒体传播平台。同时，该活动开通了新浪专用微博“宝洁为母亲喝彩”，以及官网 mini-site 互动平台，并通过 mini-site 直接连通电商，达成购买行为。

【案例执行】

2月28日，宝洁公司在水立方宣布成为“中国奥运代表团荣誉合作伙伴”，并正式启动宝洁2012年伦敦奥运会“为母亲喝彩”主题活动。这是宝洁公司历史上规模最大的一次全球活动，同时也是宝洁与国际奥委会签订10年合作伙伴关系协议以来第一个里程碑式的主题活动。宝洁公司旗下的九大知名品牌，如潘婷、飘柔、海飞丝、舒肤佳、玉兰油、帮宝适、佳洁士、金霸王和吉列都将参加此次活动，为中国奥运健儿背后的无名英雄喝彩，为母亲喝彩。

通过视频传播扩大宝洁活动理念

宝洁通过优酷、土豆等视频平台以及微博推广其主广告片《最棒的工作》(*Best Job*)，该片拍摄跨越四大洲，由来自伦敦、里约热内卢、洛杉矶和北京的当地运动员主演面向全球同步播放，宝洁旨在将荣誉授予奥运选手背后的伟大母亲们。广告片由荣获奥斯卡奖提名的导演亚历桑德罗・伊纳里图亲自操刀，是整个广告活动的开端。

该广告片在土豆、优酷等视频网站上播出，同时导演微博的首页也推出该广告。该广告片以母亲的视角看奥运会，感人至深，并将自家旗下的产品巧妙地融入其中。

微电影广告《那些年，你没能说出口的》推波助澜

宝洁在母亲节即将到来之际推出微电影广告《那些年，你没能说出口的》，以已成为母亲的女儿的视角来表现母亲的爱，正好迎合了母亲节的主题，引发了大量的关注。该微电影讲述的是一个平凡的孩子与母亲的故事，这与宝洁的理念“将全力支持每一位母亲——不只是运动员的妈妈，感谢所有默默付出、成就孩子梦想的伟大母亲们”相契合。

奥运冠军视频讲述自己和妈妈的故事

宝洁公司旗下的九大知名品牌都将加入此次活动，为中国奥运健儿背后的无名英雄喝彩，为母亲喝彩。中国著名奥运冠军——林丹、陈一冰、吴敏霞及何雯娜等都出镜讲述自己的故事，为本次活动造势，林丹是此次活动的代言人。

利用官网及腾讯 mini-site、微博等媒体与用户互动

1. 官网、腾讯 mini-site 上的互动

(1)感动视频

用户可以自己制作感谢妈妈的视频，或上传感谢母亲的简短自拍视频(如图 1-9)。

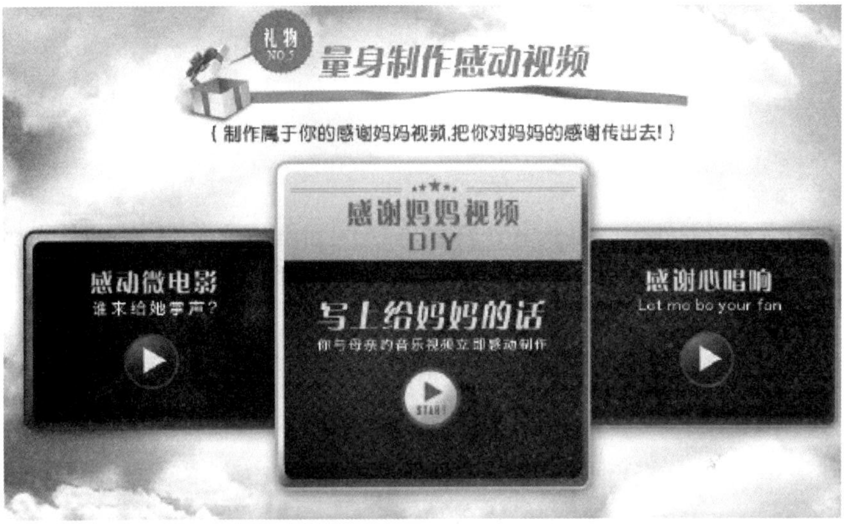

图 1-9　用户自己制作的感谢妈妈的视频

(2)卡片设计

用户可以定制并发送给妈妈一系列专门为妈妈们设计的电子贺卡(如图 1-10)。

图 1-10　用户自己制作感谢母亲的贺卡

(3)粉丝专享线上购物优惠

此次活动可以直接将互动页面与电商连接，打通从用户体验到终端销售的价值链，用户可以直接通过互动 mini-site 进入各家电商中宝洁的专设页面进行消费，并会有优惠的价格。

(4)来店签到

消费者在指定的“奥运陈列卖场”进行手机签到，完成手机签到手续，便有机会获得奥运限量大奖。

(5)来店抢奥运精美礼包，送给妈妈

消费者到指定的门店购买宝洁旗下两个品牌的商品，就有可能获得奥运限量礼品。

2. 新浪微博上的互动

宝洁在新浪微博上发起各种与母亲相关的话题，引发大家的讨论，以及发起与母亲有关的活动，吸引大家参与，利用微博平台与用户建立情感纽带(如图 1-11)。

图 1-11　新浪微博互动页面

“宝洁为母亲喝彩”官方微博发起话题“＃谁来给她掌声＃”，推广其微电影广告的主题曲 *Let Me be Your Fan*。发起“我陪妈妈逛超市”活动，只要到指定超市上传与妈妈的合影，便有可能得到奥运明星签名球拍。

【营销效果】

宝洁“为母亲喝彩”新浪微博平台粉丝数达 30 多万，平均每一条微博都有几千条评论、转发量。

腾讯微博平台粉丝量达 20 多万，官方活动专区已有 300 多万人次参与活动。

(二)基于图片的广告

1. 旗帜广告

旗帜广告(banner advertising),也叫横幅广告、条幅广告等,是网络广告中最常见且历史最长的一种广告形式。1994 年 10 月 27 日美国著名杂志 *Hotwired* 网络版推出了第一则 468×60 像素的旗帜广告。

旗帜广告通常位于页面的顶部、中部或下部,横跨半个或整个网页。尽管有许多网络广告行业的人士建议网络广告应打破传统的旗帜广告的形式,但目前来看,旗帜广告仍是使用最多的广告形式之一(如图 1-12)。

图 1-12 搜狐网主页旗帜广告

旗帜广告对受众有较高的接触率,对于品牌识别、增加企业曝光频次有很好的效果。同时,旗帜广告可以灵活摆放在网页的各个位置,充分地利用页面空间。随着 Flash 动画效果的增强,旗帜广告对受众的吸引力也得以提升。但旗帜广告也存在一些不足,比如恶性点击对广告效果的测量有所影响;旗帜广告与其他页面内容的杂乱堆放会影响整体页面整洁,从而降低用户体验。

旗帜广告有多种尺寸,常见的有 468×60 像素、234×60 像素等。具体像素见表 1-1。

表 1-1 旗帜广告具体像素表

全幅旗帜	468×60 像素
半幅旗帜	234×60 像素
直幅旗帜	120×240 像素
四方按钮	125×125 像素
微型按钮	88×31 像素

2. 按钮广告

按钮广告(button advertising)是从旗帜广告演变过来的一种形式，通常形态为按钮状的图标。在按钮上一般会有提示网友点击进入相关链接的文字说明。目前网络上经常使用按钮广告来提示用户下载软件应用。

按钮广告通常尺寸较小，一般有 120×90 像素、120×60 像素，位置比较灵活，但信息容量不够充足。

3. 弹窗式广告

弹窗式广告(pop up advertising)是指打开网站后自动弹出的广告。弹窗式广告的优势在于用户的到达率高，受众难以忽视，但缺点是这种被动地接收广告信息的形式容易增加受众的厌恶情绪。

4. 浮动式广告

浮动式广告(floating advertising)，指的是伴随鼠标、光标或以随机顺序移动的网络广告。其中浮水印广告是指当用户拖动鼠标进行翻页时，在页面左边或是右边跟着上下移动的广告形式，吸引浏览者的注意。

动态的浮动式广告对受众有较强的吸引力，但遮挡式的广告会影响受众对其他内容的接收，削弱网页的浏览体验，干扰性强。

(三)基于视频的广告

美国互动广告局(Interactive Advertising Bureau)曾经与包括微软、谷歌、雅虎在内的 140 家互联网公司合作，公布了 5 种最常用的网络视频广告形式。[①] 其中有些形式与电视广告差别不大，另外一些形式却大大增强了互动性。

1. 贴片广告

贴片广告是指利用网络视频播放过程中某一段时间进行广告信息展示的一种广告形

① 参考百度文库:《5 种最常见网络视频广告形式》，http://wenku.baidu.com/view/2a179195dd88d0d233d46afb.html。

式，通常有视频前贴片广告、中插广告、后贴片广告。贴片广告并不是网络广告的新发明，早在电影院放映影片时就有贴片广告出现。网络贴片广告一般为简单的信息曝光，在用户点击链接之后，进入相关页面（如图 1-13）。

图 1-13　视频网站贴片广告示例

贴片广告虽然有较高的到达率，但是却带给受众被动的接受感。目前常见的视频贴片广告时长从 15 秒到 90 秒不等。在视频网站行业内也曾围绕视频贴片广告时长进行过讨论，比如在 2012 年国内知名在线视频点播平台风行网率先宣布风行网所有视频的前贴片广告将只有一个，且仅有 15 秒的时间。这一举措受到了业界好评，认为其一举多得。利用贴片时间短的特点吸引用户，改善观看体验；15 秒的时长限制了广告数量，广告资源得到充分利用，广告主 ROI 提高。

2. 交互广告

交互广告指前播、中播或后播广告中同时提供了互动元素，提示用户点击，或者玩一段小游戏。如果用户参与，这些广告的时长将会超过 15 秒或 30 秒。

这种广告的优点是使用户对品牌产生兴趣并增加印象，相比第一种广告形式，交互广告可以为广告主提供广告受众的更多数据和信息。

但并不是所有的视频网站都支持这种广告形式，有时这种形式也会被受众看成是一种不必要的干扰。

3.覆盖广告

覆盖广告指短时间出现在视频顶端或底部的文字或图像广告，类似于常见的电视字幕广告。当用户将鼠标指向或点击广告时，会弹出更大的广告幅面，或者打开新网站。

覆盖广告不会打断用户的观看过程，因此被很多网站采用。同时，很多电视观众也已经习惯这种广告形式，因此也成为广告主在网站投放广告时常选的模式。

而有些用户将覆盖广告视作一种打扰，但有时候，他们很难将覆盖广告视为广告，以为它们只是电视节目的一部分。

4.邀请广告

邀请广告与覆盖广告类似，但是信息会简短地出现在实际视频播放窗的旁边而不是在顶部。

邀请广告不像覆盖广告那样打扰用户，但是仍然能有效地影响到目标受众，并且出现在他们最有可能点击的时候。

5.伴随广告

伴随广告是指与视频播放窗同时出现的静止的横幅广告，选择这种类型广告的通常是赞助商，他们还会投放插播广告或覆盖广告等其他形式的广告。

伴随广告在视频播放的整个过程中都在给用户传达品牌信息，并邀请他们点击广告，访问广告主网站，或者弹出新窗口。但不是所有的视频播放窗都为伴随广告留有广告位，因此仅仅出现在某些特定的赞助活动中。

(四)富媒体广告

富媒体广告是指具有动画、声音、视频和交互性的广告形式。富媒体广告能够提高广告的互动性，提供更广泛的创意空间。最新的网络媒体技术可以允许用户在广告界面上直接留下数据，从而有效地促进了用户与广告的交互。新颖的交互方式，有趣的小游戏都可以帮助广告信息更好地传播。

二、按广告展现形式划分

(一)曝光型广告

曝光型广告是指单纯的信息展示类广告。这类广告与传统广告形式类似。

曝光型广告的优点在于到达率高、直接明显，但缺点在于对受众的吸引力不大、容易被忽视。

(二)互动型广告

互动型广告的特点是受众可以参与到广告活动当中。在传统广告时代，传播过程是单向的，而互动型广告的双向信息交流让用户直接参与到广告活动中，受众不但可以传播内容，也可以创造内容，同时还影响广告信息的发展方向。互动型广告增强了趣味性和广告受众的体验感。

案　例

Tipp-ex 涂改液产品创意广告《猎人与熊的故事》*

2010 年 Tipp-ex 涂改液曾与 YouTube 联合制作过一则富有趣味的互动型广告，用户参与到整个广告的播放过程中。最开始用户正常地浏览视频，画面中出现森林里的一个猎人(如图 1-14)。

图 1-14

接着画面中出现了一只熊，猎人惊慌失措地拿起枪。这时候视频出现两个选择"Shoot the bear"(射杀熊) 和"Don't shoot the bear"(不射杀熊)，观众可以通过点击选择(如图 1-15)。

* 案例来源：网络广告人社区。

图 1-15

其实无论用户点击哪个，都会跳转到同一个页面。猎人拿起枪准备射击，同时页面右边出现 Tippe 的广告（如图 1-16）。

图 1-16

最后这个猎人选择了放弃，他拿起页面右端的涂改条，把标题的 shoot 给覆盖掉（如图 1-17、图 1-18）。

图 1-17

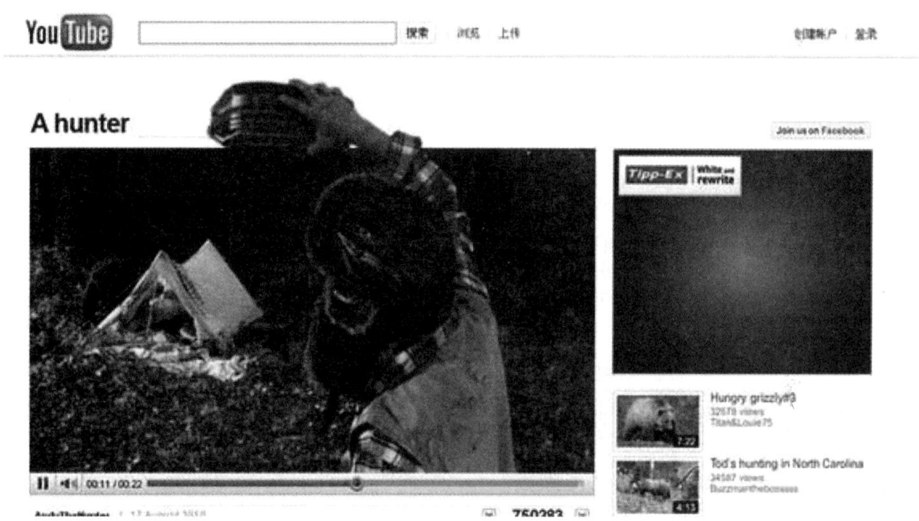

图 1-18

故事内容远不止如此。视频中还准备了 50 段关于猎人和熊的故事。猎人会提示用户在贴胶布的地方重新输入任何文字(踢足球、轻吻、跳舞等),然后点击旁边的 play 即可播放故事。所有故事都以轻松搞笑的风格表现猎人和熊和谐欢乐相处的场面(如图 1-19)。

整个视频广告的最大特点就在于用户的高度参与感。广告播出后,有超过 500 万用户观看,涂改液产品在欧洲的销售额增加了 30%。同时这则广告获得了众多媒体的关注和赞誉,品牌曝光度进一步增强。

图 1-19

(三)隐性广告

隐性广告是网络中最不像广告的广告。常见的隐性广告有名人微博的植入推荐、墙纸广告等。

从原生广告的内容自创价值到节目内容的植入,隐性广告对用户的干扰最小。但隐性广告不易被用户识别,不适用于不知名品牌,行业局限性较大。

示例:桌面墙纸广告(如图 1-20)。

图 1-20 星巴克品牌主题壁纸①

思考题

1. 如何理解网络广告的概念?

2. 评价网络广告的优势与不足。

3. 结合案例简要说明网络广告的基本传播特征。

---

① 图片来源:http://bz.putaojiayuan.com/GuangGaoBiZhi/v10246/p_174124.html。

第二章　网络广告发展现状及趋势

本章要点

1. 了解网络广告的发展历程

2. 掌握网络广告在不同发展阶段的表现形式

3. 了解网络广告的发展趋势

第一节　网络广告的发展历程

一、中国网络广告发展历程概述[①]

1995 年

4 月，留美学人马云创办国内第一家中文商业信息站点“中国黄页”，发布了一批互联网主页，在内地开始普及网络知识和应用。

1996 年

8 月 19 日，《计算机世界》(www. ccw. com. cn)发表《Internet 上的广告现状》一文。

11 月，迈至科公司(www. magicw3. com. cn)用 WebtrendsLogAnalyzer3. 0 为自己的虚拟主机客户提供用户统计报告。

12 月 8 日，中国广告协会与北京燕兴广告公司(www. yxgg. com. cn)开始共建“中国广告商情网”(www. cnad. com. cn)。

1997 年

1 月，“中国通环球信息网”(北京视角广告艺术有限公司承办)，开始网络广告代理业

① 资料来自：《中国网络广告发展历程》，http://www. docin. com/p-393882342. html。

务，提出在 Internet 上“我们垫钱为您做广告”。

3 月，Chinabyte 赢得了第一笔广告收入，IBM 为 AS400 的宣传支付了 3000 美元。

4 月，Chinabyte 由国际权威的媒体监测机构 A. C. Nielsen 旗下的专业公司实行站点访问流量的第三方审计，迈出与国际接轨的第一步。

5 月，中国在线(www. bj. col. com. cn)开始推出“网上有名”栏目，向“榜上有名”叫板。

5 月，任向晖自费在上海“都市广告手册”推出“网络广告先锋”网站一代。

6 月 16 日，“友邦中国联合信息网”在 30 家站点做旗帜广告。

6 月，四达广告艺术公司(www. starinfo. com. cn)买断讯业金网北京营运公司讯合科技公司所有 IT 类广告，上演“电脑时代”网络版。

7 月 14—23 日，英特尔技术发展有限公司(www. intel. com)举办“网上夺标，莫失良‘机’”活动，在多家网站打旗帜广告。

12 月 2 日，北方国联信息技术有限公司开通“广告情报站”(www. a. com. cn)，将网络列入广告媒体栏目中，向广告业全面倡导网络广告概念。

1998 年

3 月 16 日，《中国计算机报》网站(www. ciw. com. cn)刊登《1997 年京城网上广告点评》一文，明确提出“应组织 ISP 和广告公司共同研讨国外广告商业运作情况，得出适合我国国情的解决方案；最后，建立标准，积极与国际通用做法接轨”。

4 月，Zdnet(www. zdnet. com. cn)成为中国内地首家英特尔认证的“优化内容”站点，得到英特尔公司认可的信息产品生产商，可在获得英特尔“优化内容认证”的网站上做广告，可获得高额费用。

5 月 28 日，中国指南(www. chinavista. com)联合 Doublebyte(www. doublebyte. net 现更名为 www. realmediaasia. com)，共建 TDBN(DoubleByte 优秀站点联盟)，瑞得在线、天府热线、广州视窗、中经网、《中国计算机报》网站、《中国日报》网站已在候选之列。

6 月，Srsnet(现在的新浪)成为中国内地第二家(非传统媒体第一家)英特尔认证的“优化内容”站点。

7 月，国中网宣布“98 世界杯网站”获得 200 万元广告收入，16 日，春风得意的国中网(cww. com)趁热打铁，在京举行“网络广告研讨会”，会上企业代表今日新概念租车公司和北大方正的市场负责人都对网络广告谈了看法，并对网络广告予以肯定。灵狮广告公司介绍了目前广告公司对互联网的认识以及对网络广告的评价。

7 月 23—25 日，Chinabyte(www. chinabyte. com. cn)举办了“网络广告，现在就是未来——1998Chinabyte 网络培训”。

8 月 7 日，中国互联网络信息中心(www. cnnic. net. cn)与爱特信搜狐(www. sohu.

com)公司在北京国际饭店联合举办了"搜狐(SOHU)站点访问统计"新闻发布会。中国互联网络信息中心在会上公布了对 SOHU 网站访客流量的统计报告,并向爱特信搜狐公司颁发了访客流量的认证证书。

9 月,金山公司举办金山词霸 IIIBanner 设计大赛。

10 月 9 日,上海的 HyperAsia(www. hyperasia. com)超亚广告网络公司在京举办了"INTEL 公司关于网络广告的研讨会"。

10 月,王靖韬在中国广告商情网推出"网络广告"频道,致力于商机、流程、配套服务的宣传。

11 月 10 日,在"国中网第三届年会暨 Internet 产业发展研讨会"上,中国国际传讯有限公司(china. com)与 247MediaInc. 宣布合作并在亚洲地区推出 247Media——亚洲网络(www. 247asia. com)。

12 月,Chinabyte 以 6 万美元重金购买了世界上最具权威的网络广告管理软件 Netgravity,搜狐、找到啦(www. zhaodaola. com. cn)等公司随后也加入购买行列。

12 月,中国广告商情网推出"网络广告调查"。

12 月,任向晖自费在上海推出 www. viaia. com"网络广告先锋"网站二代。

1999 年

1 月 4 日,"网络世界"网站(www. cnw. com. cn)发表《中国网络广告现状、问题和对策》一文,提出一系列解决网络广告问题的对策,并对 1999 年进行了展望。

1 月,新浪拿到 IBM300 000 美元广告单子;灵智大洋(广州)广告有限公司(www. eurorscg. com. cn)在京成立"互动传播部"。

1 月 27 日,《中国工商报・时代广告》发表《网络"警察",何时上岗?——网络广告规范性管理意见有望年内出台》,国家工商行政管理局广告监管司表示,1999 年年内要出台规范性管理意见,建立对网络广告的监管制度,消除真空。广告监管司已决定在近期对网络广告市场进行调研,针对我国网络广告的现状及问题对其进行相应的规范,从而改变网络广告市场混乱无序的状况,更好地保障广大"网民"的权益。

2 月 3 日,中国国际电子商务中心下属国富通公司(Infoshare)与雅虎在京宣布,国富通公司将成为雅虎在中国内地的广告独家代理。

3 月 8 日,由 24/7 媒体(亚洲)、网络广告先锋主办,中国国际传讯有限公司(国中网)协办"首届中文 Banner 广告设计大赛"(www. viaia. com)。

3 月 30 日,中国互联网络信息中心与《互联网周刊》网站(www. enet. com. cn)联合主办,中国广告商情网协办的'99 中国网络广告研讨会在京举行——北京、上海、广东各大网络站点、广告代理及媒介购买,广告客户,各有关政府、协会领导,研究、监测公司/机构的负责人应邀出席，研讨会取得了圆满成功。

4 月 16 日，奥美国际集团和智威汤逊中乔广告有限公司在中国联合推出互动媒体咨询(mdigital)。

4 月中旬，Doubleclick(www.doubleclick.com)派员来京，与传立、新浪、搜狐洽谈合作。

8 月 26 日，慧聪国际在线资讯有限公司王靖韬在'99 企业网络营销高级研讨会上演讲《另类网络广告》，其中介绍了一些网络广告支持的免费软件。

9 月，华亚美资讯集团(www.media999.com)进入中国。

10 月 12 日、14 日、20 日，24/7 互动传媒亚洲有限公司在广州、北京、上海举办巡展活动。

10 月 21—23 日，由中国信息协会、中国广告协会和无锡市政府主办的"IT 与广告业"研讨会暨展示会在无锡市举行，一些网站、网络广告代理公司在会上介绍了网络广告。

12 月 7 日，"夫妻在线"在个人主页(http://coupleonline.yeah.net、http://couplechina.iscool.net)上发表《软件广告网——软件、网络广告新的赢利模式》，介绍美国(www.adsoftware.com)的商业模式。

12 月 10 日，在 1999 年 6 月 8 日推出中文网址和服务的北京因特国风网络软件公司成功卖出"人才、求职、猎头、前程、工作、找工作"六个中文网址，标志着社会开始认同"一个中文网址(www.3721.net)＝半版交互广告"。

12 月 16 日，media999 世纪传媒与 Adforce(www.adforce.com)结成战略联盟，Adforce 以此为契机，进入中国网络广告市场。

12 月 22 日，"携手共推网站流量认证新标准"新闻发布会在京举行，中国互联网络信息中心联合 17 家网站，倡议推出网站访客流量度量标准——《网站访问统计术语和度量办法》，在与国际标准接轨上又迈进了一步。

2000 年

1 月 17 日，互联网周刊主办，国家信息化办公室中国广告协会指导的"中国首届互联网广告大赛"开赛(www.enet.com.cn/ad)。

1 月 19 日上海向晖信息技术有限公司总经理、"网络广告先锋"创始人任向晖在京宣布，正式推出"网络广告先锋"网站三代(www.wisecast.com)，标志其正规商业化运作开始。

1 月 25 日，国际传媒集团晨兴集团旗下 eMPI 在京举办新闻发布会，宣布正式启动网络广告代理业务。

2 月，河北人民出版社出版的《网络广告》一书面市。

3 月 15 日，由信息产业部信息化推进司、国家工商局广告司共同主办，中国信息协会、中国广告协会、《现代广告》杂志社共同协办的"新世纪网络广告研讨会"在国家工商总局召开。

众多业界人士派代表参加了此次会议，会上透露国家工商总局广告司将在北京、上海、广州颁发20个网络广告试营许可证，推动网络广告在中国的发展。

4月14日，精信广告公司宣布在京正式推出BEYOND(www.gobeyond.com)互动广告服务，与其greyinteractive互动。

4月11—13日，BPA(www.bpai.com)、Iamasia(www.iamasia.com)、Realmedia(www.realmedia.com)等新面孔首次在中国举办的"因特网商务应用国际研讨会"(www.iw-asia.com/cn/)亮相，或设摊，或演讲，投石问路，几个月后将正式进军内地市场。

4月，AdMomentum(www.admomentum.com)传智互动广告网络正式在国内招聘专业人才，选择上海作为中国办事处所在地，准备全力拓展中国市场。

4月30日，北京广播学院成立网络传播学院，设网络广告学专业。

5月1日，中华广告网(www.a.com.cn)全面改版，全力推出网络广告栏目。

5月25日，国家工商总局向全国27家知名度较高的网络公司颁发了经营广告业务通行证——《广告经营许可证》，从而在对互联网业利润最大的业务规范上迈出了试探性的一步。

5月26日，中华广告网(www.a.com.cn)推出"直复/伙伴/关联营销网站一览表"，全面展示国内网站竞争现状。

6月1日，网络广告先锋(www.wisecast.com)推出每日网络广告监测报告(WiseCast Research Daily Report)。

6月9日，新生代市场监测机构有限公司(www.sinomonitor.com)和美国LWA Leading Web Advertisers(reports.web-advertisers.com)在中国国际互联网研讨会暨展览会ChinaInet 2000上(www.conference.com.cn)宣布，将与中国建立战略性合作伙伴关系。两家公司将合作提供一项网络广告效果监测的新型服务项目。

2000—2002年

随着互联网进入寒冬时期，网络广告的发展也开始进入蛰伏期。不过，表面的平静不能阻止网络广告继续发展，据相关统计数据，2001年中国网络广告市场为4.1亿元，2002年中国广告市场规模为4.9亿元。

2003年

这一年春，"非典"突然降临，众多公司、企事业单位放假，人们都在家中"坚守"，不轻易出门，而这让传统的平面广告以及路边广告等效率大减。部分在家中无事的人们则选择了上网打发时间。"非典"期间，传统广告模式传播的影响力急剧下滑，而在家中上网的人数却激增，这让很多一直以来青睐传统广告模式的企业看到了网络广告的发展机会。于是，在"非典"的"帮助"下，网络广告在2003年开始暴涨。有数据显示，2003年中国网络广告的市场规模急剧增至10.3亿元，增幅达112%。

2004—2005 年

由于互联网环境的改变，众多互联网公司开始赢利，风投重新进入互联网产业，而网络广告市场也稳步增长，平均增长率达 70%以上。

2006—2007 年

传统的网络广告模式已经不能满足客户的需求，于是各种网络广告模式百花齐放，而网络广告代理公司也成了资本的宠儿。中国排名前两位的网络广告公司好耶与华扬联众陆续被收购。

二、中国网络广告发展阶段

网络广告作为网络传播内容中的一部分，是网络的衍生物，其发展历程紧追网络的发展历程，其呈现形式及内容均受网络发展的影响。网络技术的不断更新换代推动了网络广告的不断成熟。网络广告的敏感神经使其紧紧把握住网络进程的脉搏。

在网络广告概念中按网络的传播历程将网络广告划分为三个部分。这不仅是中国网络广告的发展进程，也是网络自身不断前进的阶段。

(一)阶段一：内容以展示为主

1. 概况

这一阶段基本采用的是技术创新主导模式，信息技术的变革和使用对于网站的新生与发展起到了关键性的作用。新浪最初就是以技术平台起家的，搜狐以搜索技术起家，腾讯以即时通讯技术起家，盛大以网络游戏起家，在这些网站的创始阶段，技术性的痕迹相当之重。

期间中国网络广告发展出现了向综合门户合流的现象，早期的新浪与搜狐、网易等，继续坚持门户网站的道路，而腾讯、MSN、谷歌等网络新贵，都纷纷走向了门户网站，尤其是对于新闻信息，有着极大的、共同的兴趣。这一情况的出现在于门户网站本身的赢利空间更加广阔，赢利方式更加多元化，占据网站平台，可以更加有效地实现增值意图，并延伸到主营业务之外的各类服务。

在合流的同时，还形成了主营与兼营结合的明晰产业结构。新浪以新闻、广告为主，网易拓展游戏，搜狐延伸门户矩阵，各家以主营作为突破口，以兼营作为补充点，形成“拳头加肉掌”的发展方式。

2. 广告展现平台及技术

(1)传统门户网站

从广义上看，传统门户网站是一个 Web 应用框架，它将各种应用系统、数据资源和互联网资源集成到一个信息管理平台之上，并将统一的用户界面提供给用户，建立企业对客户、企业对内部员工和企业对企业的信息通道，使企业能够释放存储在企业内部和外部的各种信息。

从狭义上看，所谓门户网站是指提供某类综合性互联网信息资源及有关信息服务的应用系统。门户网站最初提供搜索引擎、目录服务。由于市场竞争日益激烈，门户网站不得不快速地拓展各种新的业务类型，希望通过门类众多的业务来吸引和留住互联网用户，以至于门户网站的业务包罗万象，成为网络世界的“百货商场”或“网络超市”。从现状来看，门户网站主要提供新闻、搜索引擎、网络接入、聊天室、电子公告牌、免费邮箱、影音资讯、电子商务、网络社区、网络游戏、免费网页空间等。在我国，典型的门户网站有腾讯网、新浪网、网易和搜狐网以及地方门户网站联盟城市中国等 。

(2)传统门户网站的分类

可分为搜索引擎式门户网站、综合性门户网站(该类网站以新闻信息、娱乐资讯为主，如新浪、搜狐，称作资讯综合门户网站)、地方生活门户网站、校园综合性门户网站、专业性门户网站、行业门户网站。

3. 广告表现形式

(1)旗帜广告

旗帜是网站页面上的横幅广告。旗帜广告，既是标志广告，又是横幅广告、全幅广告、条幅广告、旗幅广告。旗帜广告可位于网页顶部、中部、底部任意一处，也可横向贯穿整个或者大半个页面。

根据 AdRelevance 的一份调查报告，尽管 80％的广告主的网络广告仍然采用旗帜(468×60 像素)的形式，但是从每幅广告的印象数(impression)来看，全幅广告的印象数要远低于其他类型的广告，不过，全幅广告所占的投放数量是最高的(每个公司平均占 18.3％)。许多公司在选择广告类型时，优先选择按钮广告，主要的规格有：短按钮(25％)、微型按钮(16％)、中型按钮(14％)。其他规格的旗帜广告被选择的比例较小：半条幅广告(14％)、垂直型条幅广告(6％)、短条幅广告(3％)。

GIF 格式的动画是网络广告中常用的技术。平均来说，每 25 幅广告中就有 19 幅是 GIF 动画，GIF 的总印象数占全部旗帜广告的 58％。JPEG 格式的图像广告只占 5％，但获得了 40％的广告印象数。

(2)链接式广告

链接式广告所占空间较少，在网页上的位置也比较自由，它的主要功能是提供通向厂商指定网页(站点)的链接服务，也称为商业服务链接(premium sites)广告。链接式广告的形式多样，一般幅面很小，可以是一张小图片、小动画，也可以是一个提示性的标题或文本中的热词。

图标(icon)广告是一种常见的链接式广告形式,它的位置一般设在网站标题下面或作为快速链接,一般尺寸为 88×31 像素,当然也有相互交错放置的。图标在主页上是不动的,通过点击也可链接到客户的广告内容上去。也有的网站不严格区分旗帜广告和图标广告,将图标归入旗帜广告中最小的形式。图标广告的特点是纯提示性的,没有广告正文。按钮式广告(buttons)也是一种常见的链接式广告形式。它通过人们熟悉的电脑系统软件中常用的按钮形式,引起用户的注意和点击。

(3)电子邮件广告

电子邮件广告是通过互联网将广告发到用户电子邮箱的网络广告形式,它针对性强、传播面广、信息量大,其形式类似于直邮广告。电子邮件广告可以直接发送,但有时也通过搭载发送的形式:比如和用户订阅的电子刊物、新闻邮件和免费软件以及软件升级等其他资料一起附带发送。也有的网站使用注册会员制,根据用户的浏览记录、购买记录,将用户感兴趣或定制的内容发送到该网站注册会员的电子信箱中。这种形式的邮件广告容易被接受,具有直接宣传效应。

电子邮件广告现在已成为最常见、使用最广的网络广告形式之一,许多广告主采用这种直接而方便的广告形式。但值得注意的是,那些未经同意发送的垃圾广告邮件很容易引起用户的反感。广告主要在真正了解客户需求的基础上适时、适量地发送邮件广告,否则只会浪费广告费。

(4)网络分类广告

网络分类广告也是一种常见的广告形式,它的形式、原理和报刊上的分类广告专栏没有什么本质区别,主要的区别是网上分类广告利用超级链接,可以使用详细的分层类目,构建庞大的数据库,提供最详尽的广告信息(也可以链接到广告主的网页上);可以利用强大的数据库检索功能让用户方便获得自己需要的广告信息,同样也能让用户方便发布自己的广告。

分类广告是一种按需广告,这是分类广告与其他形式广告的区别。网络用户会根据自身的需求主动寻找自己需要的产品或者服务,网络分类广告独立成版、信息容量大、分类明晰、检索方便等特点为用户带来很多便利。用户只需要关注自己所需的信息,就可以快速地缩小信息的范围,降低其他信息的干扰。

(5)自动弹出式广告(pop-up ad)

自动弹出式广告也称“插入广告”“弹跳广告”,当你进入某个网页,就有可能自动跳出一个窗口(大小约为正常网页的 1/4 或更小),内含广告图片和标语,甚至伴有动画和视频。这种弹出式广告出现得太频繁,有时会招人厌,所以有人开发了专门的软件,可以滤去此类广告。

自动弹出式广告的传播对象并无很强的针对性,虽然这类广告的曝光率比较高,但是由于其广告形式常常会给用户造成干扰，影响用户的上网体验，所以广告效果不尽如人意。但是根据用户的上网行为分析，可以了解用户的爱好和需求，为他们更精准地推送一些有效信息，增强广告效果。

（6）在线互动游戏广告

在线互动游戏广告（interactive games ad）是一种比较新颖的网络广告形式，它被预先设计在网上的互动游戏中。在一段页面游戏开始、中间、结束的时候，广告就会出现，并且可以根据广告主的产品要求定做一个属于自己产品的互动游戏广告。随着电脑上网的普及，在线电脑游戏作为一种新型的娱乐休闲方式越来越受到用户的欢迎。免费好玩的电脑游戏对于许多青少年具有很强的吸引力，所以开发网上游戏广告有很大的市场前景。

（7）网页广告

网页广告（homepage ad）就是通过整个网页广告的设计传播广告内容。企业的网页广告一般在自己的主页上，在其他网站媒体上通过购买带链接的广告形式可让客户点击到达。一般大型企业都有自己的网站（如图 2-1），独立运作；也有的企业向网络服务公司租用设备，建设托管网站，代理运作；即使是最小的企业，也可以通过直接租用其他网站的资源，开辟自己的主页。当然，知名的大型企业访问率高，会有用户主动检索、点击，比如一些知名跨国公司，特别是 IT 企业；而那些规模和市场较小的企业，知名度还很低，即使拥有独立的网站，也无人知晓，所以还不如通过网络服务公司代理运作，在一些知名的网站媒体上刊登广告。

图 2-1　可口可乐公司的主页

(二)阶段二:内容交互性增加

1. 概况

与 Web1.0 阶段相比,Web2.0 具有更强的广谱性和选择性。Web1.0 的阶段是给网络用户提供大量的信息,而用户也只能被动地接受信息,用户与网络之间的沟通交流几乎是不存在的。而 Web2.0 是去中心化的过程,人们可以自由地生产并发布各种内容,信息的生产和传播不再是商业资本或者技术精英的特权。Web2.0 改变的是传播源、传播媒介和传播方式。信息的生产和消费的模式发生了巨大的改变,由原来的生产与消费的对立变成了参与式的信息集市。

从网络的几个主体方面来讲,商业网站逐渐采取更开放的态度并支持用户参与交流。随着博客等平台的发展,不论是从内容还是技术的层面网络均鼓励用户参与,让更多的人参与到内容生产和传播的各个环节中。

2. 广告展现平台及技术

(1)Blog——博客/网志

Blog 的全名应该是 Web log,后来缩写为 Blog。Blog 是一个易于使用的网站,人们可以在其中迅速发布想法、与他人交流以及从事其他活动。所有这一切都是免费的。博客上的文章通常根据张贴时间,以倒序方式由新到旧排列。许多博客专注于特定的课题,在上面发布评论或新闻,其他则被当作个人的日记。一个典型的博客结合了文字、图像、其他博客或网站的链接及其他与主题相关的媒体资源,能够让读者以互动的方式留下意见,是许多博客的要素。大部分的博客内容以文字为主,仍有一些博客专注于艺术、摄影、视频、音乐、播客等各种主题。博客是社会媒体网络的一部分,比较著名的有新浪、网易、搜狐等博客。博客具有操作简单、持续更新、开放互动、展示个性的特点。

(2)RSS

RSS 是一种站点用来和其他站点之间共享内容的简易方式技术(也叫聚合内容)。最初源自浏览器"新闻频道"的技术,通常被用于新闻和其他按顺序排列的网站,例如 Blog。

(3)IM 即时通讯

即时通讯(Instant Messenger,简称 IM)是一种基于互联网的即时交流消息的业务,是一个终端服务,允许两人或多人使用网络随时传递文字讯息、档案、语音与视频交流。即时通讯按用途可分为企业即时通讯和网站即时通讯;根据装载的对象不同又可分为手机即时通讯和 PC 即时通讯,手机即时通讯的代表是短信,网站、视频即时通讯的代表是 QQ、微信、百度 hi、新浪 UC、阿里旺旺、网易泡泡、网易 CC、盛大 ET、移动飞信、企业飞信等应用形式。

(4)播客

播客(Podcas)是数字广播技术的一种,早期借助一个叫“iPodder”的软件,与一些便携播放器相结合而实现。Podcasting 录制的是网络广播或类似的网络声讯节目,网友可将网上的广播节目下载到自己的 iPod、MP3 播放器或其他便携式数码声讯播放器中随身收听,不必端坐在电脑前,也不必实时收听,享受随时随地的自由。更有意义的是,你还可以自己制作声音节目,并将其上传到网上,与广大网友分享。

(5)Tag

Tag 在中国并没有统一的中文名称,有的称为“分类”,也有的称为“开放分类”或“大众分类”,还有的称为“标签”。Tag(标签)是一种更为灵活、有趣的日志分类方式,可以为每篇日志添加一个或多个 Tag(标签),然后可以看到 BlogBus 上所有和你使用了相同 Tag 的日志,并且由此和其他用户产生更多的联系和沟通。

(6)P2P

对等网络(Peer to Peer,简称 P2P)也称为对等连接,是一种新的通信模式,每位参与者具有同等的能力,可以发起一个通信会话。

(7)SNS

社会性网络软件(Social Network Service),依据六度分隔理论,以认识朋友的朋友为基础,扩展自己的人脉。尽管 SNS 网站 2005 年左右就开始在中国出现,但直到 2008 年开心网、校内网(后改名为人人网)等开始火热,才真正使 SNS 网站在中国兴起。

(8)门户网站的改变

门户网站(Portal Web,Direct Industry Web)是指通向某类综合性互联网信息资源并提供有关信息服务的应用系统。门户网站最初提供搜索服务、目录服务,后来由于市场竞争日益激烈,门户网站不得不快速地拓展各种新的业务类型,希望通过门类众多的业务来吸引和留住互联网用户。传统门户网站提供的是典型的一对多的广播式服务,经过大量信息的采集、编辑、把关、分类整理和编辑后,再提供给所有人。Web2.0 所代表的开放式的信息沟通方式必将对集中式的门户产生冲击,很多人开始通过订阅 REE 获取信息,而不仅是到门户网站上浏览新闻。众多 Web2.0 概念下的应用方式开始融入门户网站。

(9)三网融合

三网融合是指电信网、广播电视网、互联网在向宽带通信网、数字电视网、下一代互联网演变过程中,三大网络通过技术改造,其技术功能趋于一致,业务范围趋于相同,网络互联互通、资源共享,能为用户提供语音、数据和广播电视等多种服务。三网融合并不意味着三大网络的物理合一,而主要是指高层业务应用的融合。三网融合打破了此前广电在内容输送、电信在宽带运营领域各自的垄断,明确了互相进入的准则——在符合条件的情况下,广电企业可以经营增值电信业务、比照增值电信业务管理的基础电信业务、基于有线电网络提供的互联网接入业务等;而国有电信企业在有关部门的监管下,可以从事除时政类节目之外的广播电视节目生产制作、互联网视听节目信号传输、时政类新闻视听节目转播、IPTV传输、手机电视分发等。三网融合应用广泛,遍及智能交通、环境保护、政府工作、公共安全、平安家居等多个领域。

3. 广告表现形式

(1)搜索引擎广告

搜索引擎广告是指广告主根据自己的产品或服务的内容、特点,确定相关的关键词,撰写广告内容并自主定价投放的广告。当用户搜索到广告主投放的关键词时,相应的广告就会展示(关键词有多个用户购买时,根据竞价排名原则展示),并在用户点击后按照广告主对该关键词的出价收费,无点击不收费。[①]

随着谷歌、雅虎和百度的成功推广,搜索引擎营销已经突破传统模式的局限,在整个营销领域独领风骚。再加上企业用户对搜索引擎广告和品牌推广的认同与追捧,搜索引擎营销俨然就是当今最热的主流媒体。[②]

按照目前搜索引擎广告的发展态势来看,主要有按照点击付费的竞价排名,包括谷歌的adwords竞价广告,其最大的优势在于点击付费的方式击中了众多广告主的理财心理,同时也能保证该广告最大限度地到达目标客户的手中;有相对廉价的推广型登陆广告,相比竞价排名按照点击付费的方式无疑廉价许多;有目标受众针对性强的地址栏搜索广告,其方便之处在于用户可以在自己的浏览器中略过相对烦琐的网址,直接输入中文域名找到目标网站,虽然关键词比较受限,针对性却相当地强。

关键词是访问者搜索到广告主网站的主要途径,但在关键词激烈竞争导致竞价飙升的情况下,为了保证合理的广告费用支出,从长远的大范围搜索来看,关键词的设置不仅关注最热门的部分,也将部分资金转移到比较冷门的边角词上,方便对访问者搜索行为进行全面把控,并及时对这些关键词进行调整修正。另外,就是对不同的广告类型、不同的搜索引擎的合理搭配进行组合营销,尊重访问者对搜索引擎不同的使用习惯、在相同搜索引擎上对词组搭配选择的不同习惯,能让自己的广告投放真正到达所有需要的群体。可以说,在现在的竞争条件下,对创意进行优化可以说是搜索引擎营销战略中最为核心的部分,在绝大部分搜索引擎允许关键词修改的前提下,进行文本类型的修改并不是一件难事,相反,还会带来一些暂时不能预测的潜在客户。

---

①② 资料来自:MBA智库百科“搜索引擎广告”,http://wiki.mbalib.com/wiki/搜索引擎广告。

存在问题

①对于广告受众搜索结果具有真实性的冲击。

搜索引擎服务提供商自身监管的缺陷、“竞价排名”模式下的利益驱使，使搜索引擎正在替代传统的媒体形式，成为虚假广告的主力阵地，严重侵害了消费者权益。

据国家工商总局等五部门披露的相关数据显示，通过对主要商业网站进行广告监测后发现，一些网站发布的医疗药品、医疗器械、保健食品广告的违法率高达 90%。而此前有关机构发布的搜索推广中的违法医疗广告相关报告显示，目前搜索引擎广告市场中存在四大问题：禁售虚假药品信息通过搜索引擎死灰复燃；搜索竞价排名为“虚假”药品广告打开方便之门；搜索竞价排名为山寨机构提供推广途径；搜索引擎成为违规医疗广告推广的重要渠道。[①]

②对广告主来说存在着不确定性。

企业网站的恶意点击，不管是竞争者消耗对手的广告成本的点击行为、搜索引擎广告联盟网站为了获取自己相应的广告佣金的点击行为、竞价排名代理服务商为了自身代理佣金的点击行为，还是访客无意间的误点击行为，都实实在在地增加了广告主的广告成本开支。

(2)网络视频贴片广告

贴片广告是指在视频片头、片尾插片播放的广告以及背景广告等。作为最早的网络视频营销方式，贴片广告可以算是电视广告的延伸，其背后的运营逻辑依然是媒介的二次售卖原理。目前，网络视频的贴片广告不仅仅是展示广告，其本身成为对产品或品牌的详细推广的入口之一。它是电视广告的延伸，它继承了电视广告中的内容主体，同时，它又增加了受众与产品广告之间的互动，这是网络视频贴片广告与传统电视广告的最大区别。

现　状

网络视频贴片广告形式主要以传统前置贴片为主，所占比例为 87.3%，而大幅遮挡贴片与背景搭配贴片比例较小，分别为 8.6%和 4.1%。[②]

贴片广告的形式比较单一，大幅遮挡贴片及背景搭配贴片广告二者的播放形式更具感官冲击性，比传统前置贴片也更具互动性。大幅遮挡贴片广告通过超脱视频播放窗口，大幅横跨页面，增加了受众对广告的印象；同时，它的强制性高于传统前置贴片，受众不能自主关闭广告，因而不得不多次完整地观看广告内容。而背景搭配贴片的播放形式在传统前置贴片广告的基础上，增加了对播放器背景的利用。当然，这类广告形式主要依托于该网站视频播放页面的播放器背景，通过将播放背景与播放窗口的结合，创造一种更为生动的播放形

---

① 《搜索引擎正在成为虚假广告的主力阵地》，中国经济新闻网 2013 年 4 月 29 日。

② 聂艳梅、程洁：《中国网络视频贴片广告的发展现状与发展趋势研究》，《广告大观(理论版)》2011 年第 4 期。

式，这使得广告在投放的同时具有更多的可能性和创造性，适当利用这种优势，能为广告赚得更多的眼球，也将大大提升广告内容的记忆度，且能够在一定程度上吸引受众点击广告，以获得更深入的了解。

由此可见，合理利用网络技术和资源，使其与广告本体内容进行互补，能够提高广告的内涵、品质及受众关注度。

发展前景

网络视频广告取得成功的关键在于把传统电视广告的特点带到新媒体视频中来，然后根据新媒体的特点，创造出适合其特性的视频广告。同时，也要充分研究网络视频用户的心理，以提高视频广告的关注度，增强互动性。

视频贴片广告在随着视频广告共同进步的同时，若能够不断挖掘自我特点和发挥自身优势，并善于利用网络创新技术去将其放大，其前景将会更加美好。

同时监测和调研数据也显示，视频贴片广告的改善方向主要体现在以下几方面：对广告自身而言，在增强广告创意的同时也应借助网络技术的支持进一步提升制作品质，挖掘更多的广告表现形式；对广告客户而言，需要充分了解网络平台及其用户面，事先做好调研，精准定位，大范围覆盖目标人群，使广告效果最大化；与此同时，也应考虑受众心理层面的因素，把握“度”，控制广告时长并使其更为人性化等，以使广告和商品本身能得到更多的关注和好感。

除此之外，网络视频广告市场整体水平有待提高，良性的竞争无疑能够带来更优质的广告环境，不仅对受众而言如此，对广告主亦是如此。因此，适当改变广告的购买方式不失为一种具有建设性的选择。唯有如此，小广告客户才能不再受压迫，也能使更多的商品和服务得到有效传播。

网络视频贴片广告作为近年来兴起的网络广告形式，正接受着网络广告市场的考验，它具备了传统电视广告和网络广告的双重优势，但仍存在着种种不足，仍需不断改进。现阶段的网络视频贴片广告仍然处在成长阶段，并一步步地摸索适合其未来发展的道路。

存在问题

广告人群定位和投放位置不甚相符，需要做更深入和详细的市场调查；广告的创意表现稍显薄弱，需要妥善考虑和利用网络技术手段；广告略显强制化，应给予受众自主选择的空间，这就要求增加一些按键，使完全受不了广告介入的用户拥有缓和空间，以避免产生不必要的抵触情绪等。

同时，也应该注意到眼下的贴片广告市场存在的一些弊病。由于采用 CPM 购买方式，许多广告主海量投放广告，致使一些小广告主受到投放量巨大的广告主的挤压，导致受众在一段时期内点播各段视频时会重复看到同一则广告；投放量小的广告只有较少的受众能够接触到,这也造成了视频贴片广告投放带来的传播风险。

除此之外,视频贴片广告的劣势也体现在它继承了受众对传统电视广告的态度问题上,由于它在某种程度上的强制性阻碍了受众观看视频,从而让其产生抵触心理,如果这个问题不能有效地解决,或者说不能通过改善贴片广告的各方面元素来解决,那么视频贴片广告市场也将不再有更大的突破。

(3)SNS社交媒体广告

发展趋势

①视频广告增加。随着新视频广告服务的增加,利用这些服务的广告主越来越多,作为促进视频广告服务活性化的一大要素,活用社交媒体成为关注的焦点。在美国,比较常见的模式是通过视频向庞大的用户宣传信息,然后有效利用社交媒体,进一步提升广告效果。随着视频广告的增加,这样的动态还将进一步扩大。

②移动用户增加,社交媒体与移动通信的亲和性很早就受到了关注。随着各家SNS运营商着手向移动服务投放广告,关注度还会水涨船高。对于今后希望通过营销传播活动,积极向移动方面靠拢的广告主来说,向社交媒体投放广告将逐渐成为一种有效的方式。

③社交媒体的用户规模增加延续往年的趋势,进入2014年以后,社交媒体用户的增加速度仍然不会放慢。规模扩大,广告主对于用户的需求当然也会增加。过去没有向社交媒体投放广告的企业或许也将开始行动。

④在数字营销行业,广告的"程序化购买"(根据数据自动购买广告位)将更加活跃。社交媒体广告领域也是如此。如果能够按照用户需求实时发布众多信息和内容,准确投放匹配的广告,此类广告的需求会越来越大。

⑤向社交媒体之外的扩张性。2013年9月,Twitter通过收购经营移动广告网络的MoPub,为涉足自身服务之外的其他媒体广告创造了条件。除此之外,据说Facebook也将重新启动移动广告网络的广告发布测试。随着此类动态的加速,社交媒体广告的需求预计会越来越大。

⑥积极利用地理定位(地区特定技术)这一点与"移动用户的增加"也有关系,社交媒体与移动通信具有非常强的亲和性。其中,利用位置信息的服务也不在少数。2017年,位置信息与广告的结合速度预计将会加快。

⑦新的广告计划增加。过去,作为广告媒体取得一定成效的SNS只有Twitter、Facebook区区几家。现如今,拥有大量用户的Instagram、Pinterest等SNS相继推出广告套餐,正式将广告视为收益源的一部分。2017年,"社交媒体广告"的选择将会增加,广告主估计也会更加积极地对其加以利用。

(三)阶段三:内容融入生活

这是一个充满个性的时代。无论是关键字聚合还是定向聚合,都体现了个性化时代的个性需求。每个人在互联网上都有自己的行为习惯,这些行为习惯都有着某些规律,甚至一个人关注的消息本身都存在某种潜在的关联。网络技术可以准确地了解每位用户的网络行为轨迹,通过数据时效分析可以整理出用户的行为和习惯来开展营销。针对不同用户群体制定不同的营销策略,既体现企业与用户的对接 ,又大大提高了营销效果。通过庞大的数据流与精准的营销模式结合,可以提供强大的数据库营销。这虽然不是新模式,却是这个时期的一个亮点。

技术不断进步,受众需求不断发展,网络广告也逐渐从以展示为主,发展到更注重与受众进行交互。现在,网络广告正在追求将广告内容借助技术不断融入人们的生活,使广告成为人们生活的一部分。网络广告需要以更加自然有效的方式展示。

1. 广告展现平台及技术

(1)以手机为代表的移动数字媒体

手机营销是由 SP 和广告公司发起,设计基于手机媒体平台之上的营销方案,向手机用户传播企业用户营销信息的活动。手机营销可分为单向的语音类、WAP 展示类、推送类、置入类和双向的互动类、数据库营销类。其中,数据库营销类可以将与手机用户相关的各类数据形成数据库,通过数据挖掘的方式提取有价值的信息并实施精准营销。

(2)LBS

基于位置的服务(Location Based Service,LBS),它是通过电信移动运营商的无线电通讯网络(如 GSM 网、CDMA 网)或外部定位方式(如 GPS)获取移动终端用户的位置信息(地理坐标,或大地坐标),在 GIS(Geographic Information System,地理信息系统)平台的支持下,为用户提供相应服务的一种增值业务。

(3)SNS

社会性网络服务是一个平台,建立人与人之间的社会网络或社会关系的连接。例如,利益共享,活动、背景或现实生活中的连接。一种社会网络服务,包括表示每位用户(通常是一个配置文件)的社会联系和各种附加服务。大多数社会性网络服务是基于网络的在线社区服务,并给用户提供在互联网互动的手段,如电子邮件和即时消息。社会性网络服务有时被认为是一种社交网络服务,但从广义上说,它通常是指以个人为中心的服务,并以网上社区服务组为中心。社交网站允许用户在网络上共享其想法、图片、文章、活动、事件。2011 年的调查发现,47%的美国成年人使用社交网络服务。

社交服务类网站最早出现商业赢利目的的契机是在 2005 年 3 月雅虎对雅虎 360°的推

出。2005 年 6 月，新闻集团成功收购 MySpace，随后在 2005 年 12 月，英国 ITV 购得 Friends Reunited。此后在世界各地涌现出各种不同语言的社交网络服务类网站。

(4)CMMB

CMMB 是英文 China Mobile Multimedia Broadcasting (中国移动多媒体广播)的简称。是国内自主研发的第一套面向手机、笔记本电脑等多种移动终端的系统，利用 S 波段信号实现"天地"一体覆盖、全国漫游，支持 25 套电视节目和 30 套广播节目。2006 年 10 月 24 日，国家广电总局正式颁布了中国移动多媒体广播(俗称手机电视)行业标准，确定采用我国自主研发的移动多媒体广播行业标准。该标准适用于 30MHz 到 3000MHz 频率范围内的广播业务频率，通过卫星或地面无线发射电视、广播、数据信息等多媒体信号的广播系统，可实现全国漫游。

(5)电商

电子商务通常是指在地球各地广泛的商业贸易活动中，在互联网开放的网络环境下，基于浏览器/服务器应用方式，买卖双方不谋面地进行各种商贸活动，实现消费者在网上购物、商户之间的网上交易和在线电子支付以及各种商务活动、交易活动、金融活动和相关综合服务活动的一种新型商业运营模式。电子商务是利用微电脑技术和网络通讯技术进行的商务活动。各国政府、学者、企业界人士根据自己所处的地位与对电子商务参与的角度和程度不同，给出了许多不同的定义。但是，电子商务不等同于商务电子化。

电子商务在各国或不同的领域有不同的定义，但其关键依然是依靠电子设备和网络技术进行的商业模式，现在的电子商务不仅仅包括其购物的主要内涵，还应包括物流配送等附带服务。

(6)物联网

物联网被称为继计算机、互联网之后，世界信息产业的第三次浪潮。"物联网"的概念于 1999 年由麻省理工学院的 Auto-ID 实验室提出，在书籍、鞋、汽车部件等物体上装上微小的识别装置，就可以时刻知道物体的位置、状态等信息，实现智能管理。

2. 广告表现形式

(1)游戏广告

以游戏的形式来放置广告，以游戏为载体来进行宣传的全新广告模式是利用人们对游戏的一种天生爱好心理和游戏本身的互动性提高广告的认知度。

(2)原生广告

原生广告(Native Advertising，Native Ads)，由投资人弗莱德·威尔森(Fred Wilson)最先提出，它不是一种广告形式，而是一种营销理念，这个理念的诞生基于媒体营销模式的创新。用投资人威尔森的话描述起来更简单："原生广告是一种从网站和 APP 用户体验出发的赢利模式，由广告内容所驱动，并整合了网站和 APP 本身的可视化设计(简单来说，就是融合了网站、APP 本身的广告，这种广告会成为网站、APP 内容的一部分，如 Google 搜索广告、Facebook 的 Sponsored Stories 以及 Twitter 的 tweet 式广告都属于这一范畴)。”简而言之，原生广告是“设计特制的一种媒介形式，让广告成为内容的一部分”。

原生广告的形式多种多样，可以是视频、图片、文章、音乐或者其他媒体形式。“内容营销”也是原生广告的一种形式，比如你在阅读文章的结尾时经常会看到的文字“你可能感兴趣的其他文章”，其中有一些可能就是企业支付费用后推出的。原生广告并不是指具体某一种广告形式，而是一种广告理念。根据各自的媒介特性，灵活运用，在媒介特性、用户体验和广告主效果之间找到平衡，实现共赢。

投放平台

封闭平台：在封闭平台上，品牌的内容是建立并被局限在平台内的。例子有 Twitter 上的“Promoted Tweets”——新浪推出的粉丝通也是类似的东西，以及 Facebook 上的“Sponsored Stories”以及 YouTube 上的“TrueView Video Ads”。

开放平台：在开放平台上，品牌能将同样的一套原生广告内容投放在多个平台上，换句话说，其实内容是独立于平台的(如图 2-2)。类似的原生广告开放投放平台比较有名的是 Sharethough。

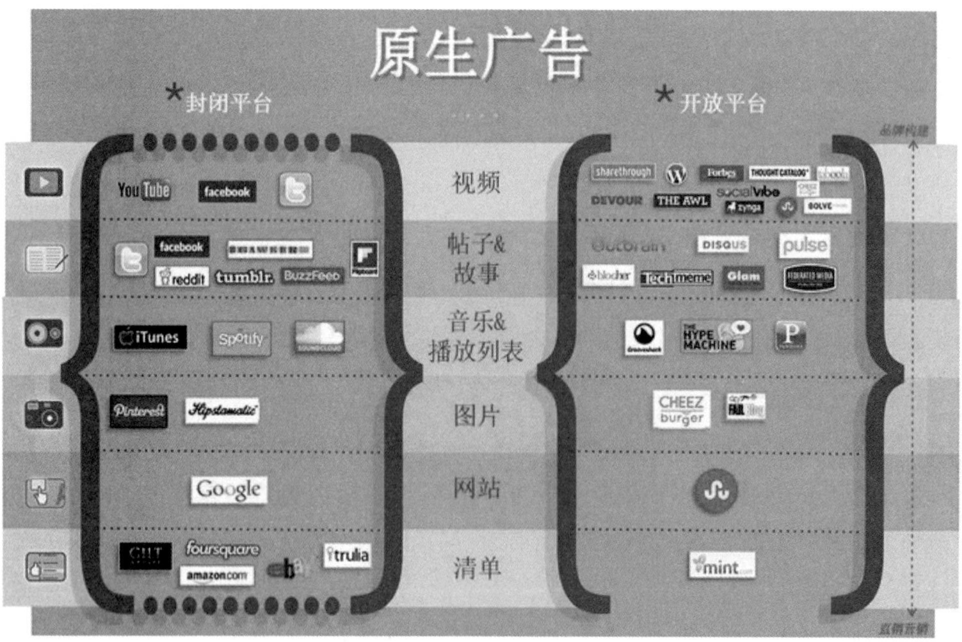

图 2-2　原生广告投放平台

实践探索

● Facebook Sponsored Stories

Sponsored Stories 是企业、组织或个人为了获取更多展示机会，购买的来自用户好友与企业官方页面、应用、事件互动的信息。

通过该广告形式，Facebook 在 2012 年第二季度一推出，就达到每天 100 万美元的营收；而第三季度，每天营收更是达到 400 万美元，远超出预期，而其中的四分之三来自移动端，其中移动端广告收入达到 1.5 亿美元，占总体营收的 14%。而到了 2012 年第四季度，主要依赖 Sponsored Stories 的移动广告营收实现环比翻一番。这一创新的广告形式，整合了多终端、多系统的媒体资源，给广告主带来了良好的营销效果(其参与度是右侧广告栏的 8 倍)，也为 Facebook 带来了营收的快速增长，特别是为移动端的变现找到了高效率的出路。在 2012 年第四季度财报电话会议上，有分析师问："你们曾说正研究不同种类的媒体广告，那会对 Facebook 整体体验造成何种影响?"扎克伯格回答说："我们的其中一个产品设计原则就是使付费内容在形式内容上与自然内容上一致。"这充分说明了 Facebook 对 Sponsored Stories 这种原生广告形式的认可，也暗示着它的巨大价值。

● Twitter Promoted Tweets

Promoted Tweets 是广告主希望到达更加广泛的用户群或与现有粉丝进行深度互动而购买的微博。它会根据用户信息和关系做精准定向投放，让广告主将合适的信息展示给合适的人，让用户看到与自己相关的广告。2012 年 6 月，Twitter 高管称："在大多数时候，Twitter 从移动平台上获得的广告收入都超过了桌面版 Twitter.com，成为该公司最大的营收来源"，如果不是靠这种原生广告，恐怕难以让移动端如此高效地将流量变现并超越 PC(如果还是投放旗帜广告的话，相比 PC 端，移动端毫无优势可言，内容化的原生广告则消除了屏幕尺寸的劣势，发挥了移动端流量的价值)。

● BuzzFeed Branded Content

BuzzFeed 是一家社会化新闻网站，该网站没有任何旗帜的硬广告，而是为广告主量身定制广告，以发布内容的形式，让其形成病毒传播。他们选择了一条创新的道路，而且取得了不错的成效，他们将继续坚持这一路线。

● 微博信息流广告

微博信息流广告与 Twitter 的 Promoted Tweets 类似，正在测试的微博信息流广告根据用户信息和关系做精准定向投放，让广告主将合适的信息展示给合适的人，让用户看到与自己相关的广告。根据报道，这也是新浪微博商业化的重要一步。

(3)移动互联网广告

移动互联网就是将移动通信和互联网二者结合起来，成为一体。最近几年里，移动通信和互联网成为当今世界发展最快、市场潜力最大、前景最诱人的两大业务，它们的增长速度是预测家未预料到的，所以可以预见移动互联网将会创造怎样的经济神话。

发展潜力

目前，手机用户规模庞大，用户每天使用手机的时间越来越长。截至 2015 年 6 月底，我国手机网民规模达 5.94 亿，手机成了中国网民第一上网终端，手机网民已占整体网民的 88.9%。据《2015 年第 36 次中国互联网络发展状况统计报告》显示：手机网民中，通过 3G/4G 上网的比例为 85.7%。网民人均周上网时长达 25.6 小时。

随着智能手机大量普及，用户体验大幅度上升，移动互联网广告的价值将进一步凸显。据互联网数据中心 IDC 发布的数据报告显示，2015 年，全球智能手机出货量达 14.329 亿部，我国智能手机出货量达 5.39 亿部。当前，智能手机的广泛普及，功能逐步强大，让移动广告高速、顺畅地在手机上展示成为现实，手机已经成为新型的广告媒介。

移动互联网广告收入存在"大幅上涨空间"。在用户规模大幅度增加的同时，用户对手机媒体的关注度越来越高。据 2015 年 eMarketer 的报告显示，在中国成年人中 PC 端互联网用户的渗透率为 46%，智能手机用户的渗透率为 43.1%。

存在问题

由于智能手机的屏幕相对较小，移动互联网广告的展示能力、表达能力和吸引力相对 PC 要弱，甚至让用户厌烦。愿意点击手机软件或游戏里广告的比例仅占 2.1%；比较讨厌或者立即卸掉该软件或游戏的用户所占比例近三分之一（如图 2-3）。可以看出，用户接受移动互联网广告还需要一个过程。[①]

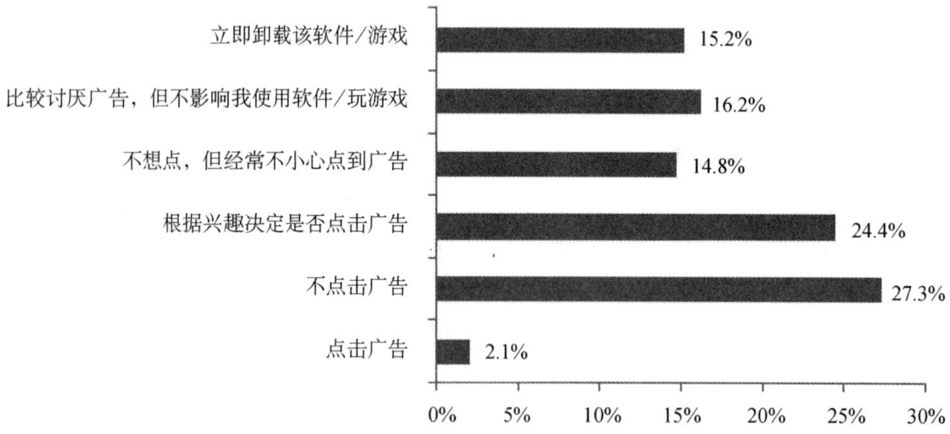

图 2-3 用户对手机软件/游戏里有广告的态度

① 《中国互联网调查社区》，http://h.cnnicresearch.cn/。

当前无论从营收规模、用户影响力，还是品牌广告主和用户接受程度来看，移动互联网广告还处于起步阶段。移动互联网不是传统互联网向移动端的一个简单的平移，移动互联网广告的商业模式也将与传统互联网广告有较大区别。与传统平面媒体和互联网媒体相比，移动互联网具有位置性、随身性、互动性、精准性等特点，其广告商业模式将围绕着更精准、更互动、更聚合的方向进行探索，例如整合 LBS、重力感应等多种技术的传播模式为广告主投放精准的广告。

(4)电商广告

电子商务营销是网上营销的一种，是借助互联网完成一系列营销环节，达到营销目标的过程。我们知道，网络具有快速、高效、低成本的特点，在互联网上信息资源共享，进入障碍为零。作为一种新的媒体，网络具有一对一的互动特性，这是对传统媒体面对大量"受众"特征的突破。从营销的角度讲，网络上生产者和消费者一对一的互动沟通，了解顾客的要求、愿望及改进意见，将工业时代大规模生产、大规模营销改进为小群体甚至个体营销，为消费者提供了极大的满足感，迎合了现代营销观念的宗旨。

第二节　网络广告的发展现状

一、整体现状概括

自 2010 年以来，中国网络广告市场规模不断扩大。热点事件、广告主观念、网络媒体营销能力对市场都起着强有力的推动作用。整体网络广告市场都在逐年增长，增速均达 40%—50%，并在 2015 年突破了 2000 亿元大关。

二、不同形式的网络广告发展现状

按照网络广告发展阶段可以选取三类有代表性的网络广告形式，即网络展示类广告、搜索引擎广告、移动互联网广告。

(一)网络展示类广告

1. 市场规模

展示类广告包括品牌图形广告、富媒体广告、视频贴片广告等形式，2011 年展示类广告规模达 237.6 亿元，市场规模比较大；展示类广告 2011 年增速为 33.7%，较 2010 年有所放缓。展示类广告受品牌广告青睐，随着广告主对网络广告投放的加大以及 2012 年奥运会等大型赛事的推动、社交网站的发展，展示类广告数量加速增长。

2012 年,中、美两国图形广告市场份额均呈现下降趋势,但是中国图形广告占比超过 30%,在广告市场中的比例仍大于搜索视频贴片等形式的广告(如图 2-4)。

	美国			中国		
	市场规模(亿元)	市场份额	份额升降趋势	市场规模(亿元)	市场份额	份额升降趋势
图形广告	540.3	23.3%	↓	227.5	30.2%	↓
搜索关键字广告	1092.2	47.1%	↓	214.6	28.5%	↑
垂直搜索广告		/	/	160.4	21.3%	↑
视频贴片广告	183.2	7.9%	↑	42.9	5.7%	↑
富媒体广告	113.6	4.9%	↓	34.6	4.6%	↓
固定文字链广告		/	/	19.6	2.6%	↓
分类广告	162.3	7.0%	↓	15.1	2.0%	↓
电子邮件广告	13.9	0.6%	↓	2.3	0.3%	持平
其他形式广告(美国部分包括赞助广告、推荐广告、移动广告)	218.0	9.4%	↑	36.2	4.8%	↑

图 2-4　2012Q2—2014Q1 中国网络广告市场规模

2013 年,品牌图形广告市场规模达 264.1 亿元,同比增长 16.3%,增速低于整体展示类广告增长。品牌图形广告作为最成熟的网络广告形式,增长速度逐渐放缓(如图 2-5)。

2. 营销价值

由此可见,根据展示广告的利用现状,交通行业更偏好于利用展示广告。而在交通类中,汽车行业是投放主力,汽车厂商投放占比达 81.7%。其次是机动车相关服务,占比为 14.9%。门户网站与汽车网站是最主要的投放媒体。其中,门户网站占比为 47.6%,汽车网站为 34.2%。广告主多选择门户网站,主要因为其目标消费者与门户网站的主体受众有较高契合度(如图 2-6)。

(二)搜索广告

1. 市场规模

关键词搜索广告易于投放、门槛低,并且其广告位理论上是没有限制的,过去几年市场发展良好。2010 年在网络广告市场中,搜索引擎广告市场份额为 49.3%。

2011 年关键词搜索广告规模达 167.0 亿元,增长速度从 2010 年的 62.8%提升到 71.0%,对市场发展起到了很大的带动作用。2011 年垂直搜索广告保持了非常高的增长幅度,规模冲到了 65.2 亿元,其 169.3%的增长率与 2010 年的增长率基本持平。

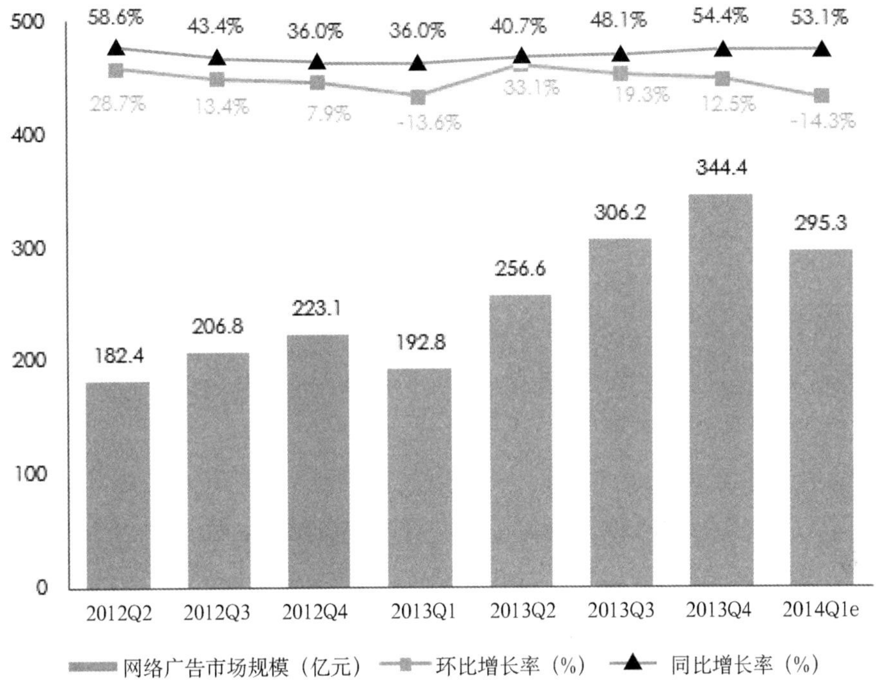

注释：1.互联网广告市场规模按照媒体收入作为统计依据，不包括渠道代理商收入；2.此次统计数据包含搜索联盟的广告收入，也包含搜索联盟向其他媒体网站的广告分成。

来源：根据企业公开财报、行业访谈及艾瑞统计预测模型估算。

图 2-5　2012Q2—2014Q1 中国网络广告市场规模

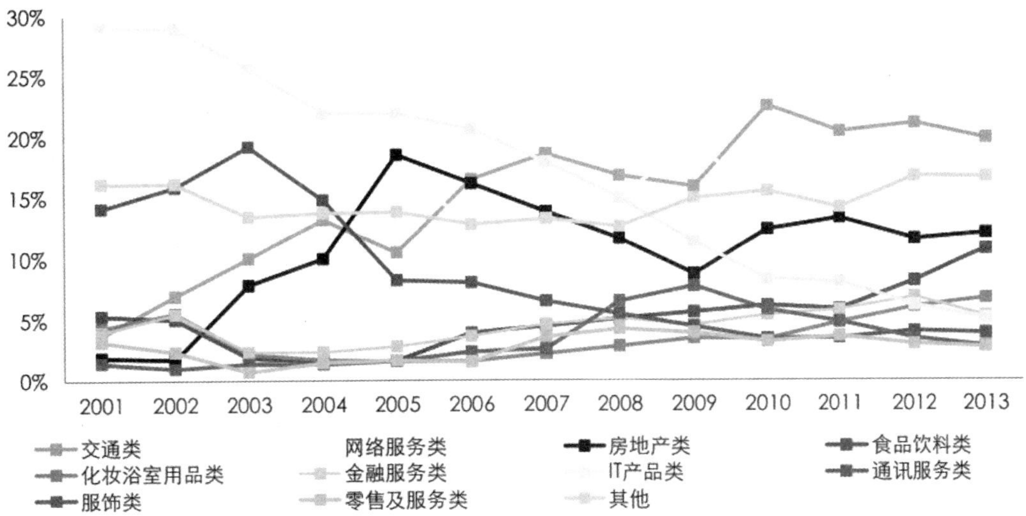

图 2-6　iAdTracker 2001—2013 年中国展示类广告行业广告主市场份额 Top10

2012 年，关键词搜索以及垂直搜索等搜索类广告增长迅速，其份额为 49.8%，其中垂直搜索广告市场规模年增长超过 140%，其份额提升了 8.6 个百分点。搜索引擎广告业务收入包括关键词广告业务和联盟展示广告业务，不包含导航网站广告收入，2012 年收入规模达到 255.8 亿元，同比增长 48.8%。

2013 年，垂直搜索广告占比达 28.9%，成为第一大网络广告形式。搜索关键字占比达 26.5%，较 2012 年有小幅下降。品牌图形广告占比为 24.0%，较 2011 年下降明显。

2. 营销价值

随着中国互联网的迅速发展，搜索引擎正日益成为人们网络生活中的重要组成部分，成为被各企业比较认可的网站推广手段之一，也成为网络营销服务商最主要的服务项目；搜索引擎营销目前最活跃的群体是中小企业，大型企业渐渐开始关注搜索引擎营销(SEM)策略；搜索引擎营销服务市场以关键词广告和网站登录广告等形式的搜索引擎广告产品销售为主，基于自然搜索排名的搜索引擎优化市场非常混乱；面对我国市场的不成熟，大多数的企业还不知道如何利用搜索来推广自己，没有把搜索引擎营销作为企业营销策略的一个组成部分，没有上升到战略的高度来应用搜索引擎营销。

从 2005 年开始，在互联网市场上，国内外发展最快的领域就是搜索。目前 Google 的市值已经超过 IBM，而百度在纳斯达克也成为中国股价最高的互联网公司。此外新浪、搜狐也纷纷进入搜索引擎市场，这已经成为继短信、网游之后的又一个赢利途径。据统计显示，中国搜索引擎市场规模 2007 年达 12 亿元，2008 年达到 16.2 亿元，2009 年将超过 33 亿元。

(三)移动互联网广告

1. 市场规模

2013 年移动营销市场规模达 155.2 亿元，同比增长翻一番，增长率达 105.0%，发展迅速。移动营销的整体市场增速远远高于网络广告市场增速。智能终端设备的普及、用户数量的不断增加以及移动广告平台的不断涌现是促进整体市场发展的动力所在。

2013 年，移动营销市场规模为 155.2 亿元，预计 2017 年达到1 276.9亿元，2014—2017 年复合增长率为 69.4%，远高于网络广告市场规模相应的复合增长率 26.9%。移动营销在整体互联网广告中的占比将持续增加，其中，移动营销在互联网广告(网络广告与移动营销)中占比将从 2013 年的 12%提升至 2017 年的 31%。互联网广告向移动端的迁移进一步加速。

2. 营销价值

移动互联网为网络广告提供了更广阔的平台，网络广告也随着移动网络技术的发展越来越融入受众生活中的每时每刻。移动互联网广告渗透到衣食住行等各个方面，广告不是硬性推送，而是依靠技术进步，让受众依赖广告提供的方便。

（四）发展趋势

2014 年，除搜索及垂直搜索外，各主要类型媒体网站发展呈现新增长点，其中门户网站原生广告、互动营销等多种营销形式将吸引更多品牌广告主的关注，各家企业抓住移动端的营销机遇，开始深入挖掘新兴的移动营销方式，其品牌未来价值依旧凸显；视频网站处于不断变革中，移动端视频飞速发展，在线视频行业不断创新。除不断引进优质的版权内容外，内容营销、多屏营销等多元化的营销方式，将成为视频网站除贴片广告之外新的收入增长点；行业内领先的垂直网站正在从媒体向平台转变，房产、汽车等垂直网站将进一步深入各行业产业链的前端和后端，积极拓展除广告业务之外的其他业务（如电子商务），同时也推动所处行业的互联网化加速发展。

三、互联网广告代理公司现状

目前中国的广告代理业，本土代理商与国际代理商各占市场 50%的份额。可是它们的公司结构却有很大的不同。跨国广告代理商占中国广告代理的 47%，其中 70%以上集中在六大传播集团；由此可以得出，跨国广告代理商是有规模的，其集团内的各种专业更是互相效力。反观中国本土的广告代理商 53%的份额里却有 14 万多家代理商，其中具有规模的并不多，并且每一家的服务内涵都不一样。真正服务齐全且具集团模式的代理公司虽然已经出现，可是大部分还是非常零散。由于媒体的多元化、科技的介入，广告这个行业将经历整合再升级的过程。“整合升级”将是未来 3—5 年内的关键词。

中国现阶段的互联网广告代理公司大致分为以下几类：

（一）互联网企业

近年来，各大互联网公司纷纷进军广告代理业务的行列。互联网凭借其后台数据储备及巨大的浏览量优势逐渐得到了广告主的青睐。广告代理原本是这些互联网公司的衍生业务，但是这也渐渐成为互联网企业的赢利方式之一。互联网企业也不仅仅是广告主选择的广告投放平台，它们对于广告策划在内容生产、策划、评估等方面的作用越来越突出。

【企业案例】

搜　狐

1. 公司简介

搜狐公司(NASDAQ:SOHU)是中国最领先的新媒体、通信及移动增值服务公司，也是中文世界最强劲的互联网品牌，目前搜狐拥有超过1亿注册用户，日浏览量高达7亿。

作为行业最精锐的设计团队之一，搜狐为广告客户提供专业的网络广告设计服务，并作为搜狐公司在行业内竞争和争取客户的重要手段之一，高质量的服务也是搜狐公司维系客户的重要手段和优惠待遇。

业务范围：网络策划、网络广告推广、多媒体开发、页面制作等。

主要职能：

- 树立搜狐设计品牌，为客户提供包括在线广告、多媒体展示以及行销网站建设等全面的设计服务；
- 监督合作单位正确应用搜狐网络广告设计规范，完善网络广告的应用规范，对设计质量进行监控；
- 将搜狐矩阵与客户产品有效结合，进行网络营销活动策划；
- 新广告产品的技术研发、应用和技术储备。

2. 公司特色营销观点

《搜狐观点》：创刊于2006年8月，旨在服务于中国互联网广告行业。通过每期的《搜狐观点》内容，向广告行业的广告主、代理商及用户传递最新的互联网动态，展示最前端的互联网技术，与业界共同交流、总结互联网平台上的营销经验。

以推动行业发展为己任，结合产生于中国网民上网冲浪的首选门户网站——搜狐的行业事件及经典案例，以数据分析为基础，客户点评与专家分析相结合，深入介绍互联网营销的功效，从而提高客户对互联网广告的认识，推动互联网广告的蓬勃发展。

3. 公司案例介绍——民生银行蛇年春季促销

(1)媒介方案

搜狐门户＋垂直(新闻/女人)优势，以搜狐门户为宣传基础，同时借助搜狐汽车垂直优势吸引目标用户。

①2月、3月活动分别搭建mini-site，作为春运/妇女节互动活动(如图2-7、图2-8)。

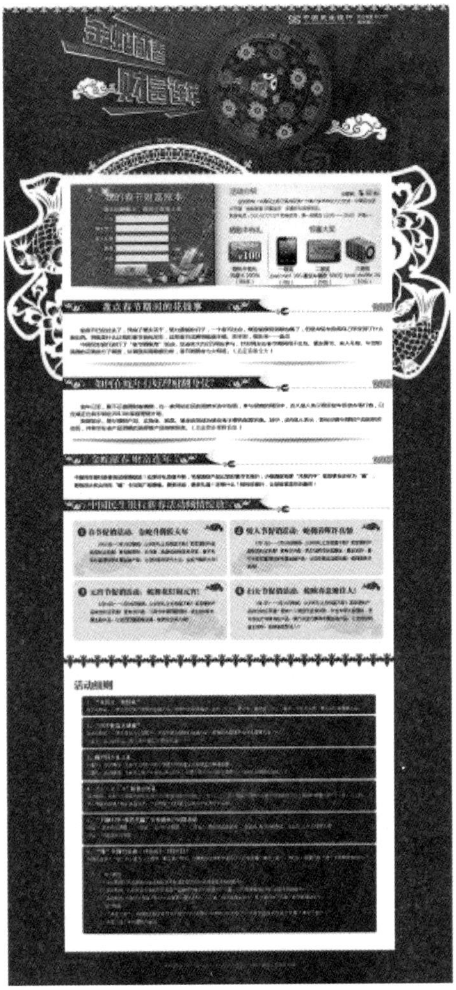

图 2-7　2 月 mini-site

图 2-8　3 月 mini-site

②在狐首二通持续宣传活动信息。

③赞助新闻频道春运专题，引流到 mini-site；用年底流行的晒账本互动形式，让网友晒春节花费。

④赞助女人频道“我美丽我信赖”专题，引流到 mini-site；用 pinterest 形式，让网友晒愿望照片和文字。

⑤配合社区宣传，在春运/妇女节专题冠名，通过网友原创帖植入民生财富产品信息。

(2)案例执行简介

核心策略：以搜狐门户为宣传基础，同时借助搜狐优势吸引目标用户，提升品牌知名度。在春节至妇女节期间，宣传特色银行理财产品，增加和目标人群的互动次数，收集网民的用户信息。

①第一阶段——1月19日至3月6日

● 盘点春节花钱事

中国民生银行开展了“春节晒账单”活动，活动大约有2万名网友参与。针对网友在春节期间的花费进行调查，从调查数据分析，总结春节消费七大特征，为之后的活动提供数据支持。

● 提供春节理财产品

民生银行通过调查发现：参与调查的网民中，近八成网民表示看好蛇年投资市场行情。其中，逾九成网民表示，会选择新产品继续投资。民生银行就此推出以下产品：

a. 金蛇升腾跃大年——春节促销

1月19日至2月10日，民生银行推出畅易贷、伙伴通、品牌经销商信用贷款、春节专享欣喜理财等专属金融产品。

b. 蛇拥春晖许真情——情人节促销

2月11日至2月18日，有伙伴通、民生加银混合型基金、基金定投、春节专享欣喜理财等专属金融产品。

c. 蛇舞花灯闹元宵——元宵节促销

2月20日至2月27日，有伙伴通、元宵节专享团圆理财、钱生钱B等专属金融产品。

●“金蛇献春 财富连年”多重好礼回馈活动

根据客户参加的不同活动和不同需求，民生银行提供不同阶段层次的奖品，从电视机到充值卡价值不等。其中，“缘”卡预约活动作为贯穿整个“金蛇献春财富连年”的活动，是民生银行重点推出的一款新产品。（中奖名单以链接 mini-site 形式公布）

②第二阶段——3月7日至3月31日

●“我的愿望清单”许愿活动

活动期间，民生银行发起许愿墙活动，客户只要用文字填写愿望并上传图片即有可能获得民生银行提供的礼品。（中奖名单以链接 mini-site 形式公布）

● 提供理财产品

蛇映春意聚佳人——妇女节促销

以3月8日妇女节为契机，民生银行继续推出个人微型无担保贷款、女性专享关爱理财、退休或医疗保障保险产品、跨行资金归集等专属金融产品。

(3)营销效果

①媒体曝光,引发关注

《杭州日报》于2013年2月2日,在文章《蛇年春节信用卡刷卡全攻略》中,对民生银行的新决策进行了报道。

东方网于2013年2月20日,发表财经文章《蛇年开门理财三件事——股市、财市、金市,市市关心》,其中对民生银行元宵节期间的产品进行了介绍。

②引发良好互动

累计参与活动人数达21万人,更好地进行了品牌宣传,其中参与“晒礼单”活动的人数超过了2万。

Mini-site的页面浏览量达到了46万。

“许愿墙”活动收集网友上传的愿望照片、文字作品5000余份。

③树立品牌形象,促进融资

2013年2月16日,民生银行股票从10.7元涨到11.5元,涨幅一度接近8%。收盘11.34元,涨幅5.78%。民生银行蛇年实现开门红。

④案例评价

● 抓住时机,符合客户需求

借助春节时机,消费、储蓄、借贷等活动活跃,抓住客户在这个时候对金融管理的强烈需求,推出产品,满足客户的需求又有助于挖掘潜在用户。

● 方式简洁,优化用户体验

在“许愿墙”等部分的界面布置简洁,各版块错落有致,方便用户查询,加上参与方式简单,限制少,优化了用户体验。

● 分众设定,增加与用户的亲和力

界面以红色、橙色、粉色为主,又伴以模拟鞭炮的背景音,非常符合当时的节日氛围,同时符合银行的宣传重点。活动又大打亲情牌,拉近了与用户的距离。

(二)数字营销代理商

随着企业在网络市场的竞争日益激烈,作为企业网络的核心竞争力,网络营销公司的诞生符合营销的发展方向,必将掌握更多的机会,引领企业大步向前。其中的数字营销公司就是帮助企业与消费者进行沟通并策划营销以及推广活动的网络营销公司。数字营销公司面向的业务群体是有意在网络中与消费者直接接触并在参与活动中推广营销的企业用户。

【企业案例】

好　耶

1. 公司简介

好耶广告网络是一家集网络广告技术服务、线上营销服务和效果营销服务于一体的专业网络互动营销服务公司。

好耶是中国领先的全程数字营销方案提供商。公司致力于中国互联网每一个流量的价值的最大化。为互联网营销参与各方创造最大收益，这是好耶的愿景和使命。

好耶成立于1998年，公司为客户提供数据、技术和产品驱动的全程数字营销方案，其中包括在宽带和移动互联网领域的网络营销技术、精准营销平台、媒体广告运营、搜索优化、社群营销、互动创新、电子商务等产品和服务。

好耶集团现服务于900多家知名广告主和媒体客户。目前在上海、北京、深圳、广州、西安、杭州和美国硅谷均设有分支机构。

2. 公司特色营销观点

作为中国领先的数字营销代理，好耶致力于提供全程整合营销解决方案。好耶通过最深入的消费者洞察研究，制定有效的品牌沟通和媒介策略，配以创意制作和技术手段，在不断提升数字营销价值的同时，为客户创造更高的投资回报，完成每一次的传播和营销目标。

● 品牌数字推广策略制定

协助企业塑造自身及产品品牌形象，举办消费者广泛认同的系列活动，树立良好的企业和产品形象，提高品牌知名度、美誉度和特色度。

● 创意制作

好耶帮助广告主将网络技术与创意能力相结合，在互联网空间中生成品牌体验。通过对用户在客户品牌网站上的在线体验的鼓励、维护和优化，达到丰富数字品牌来作为线下品牌延伸的目的。

● 媒介计划

好耶帮助广告主掌握网络营销信息、环境、用户、竞争对手、网站平台和相关运用的变化，来创造、维护和优化整合网络营销信息系统，并为线下营销在信息相结合上提供真正的整合营销信息。

● 媒介投放

好耶帮助广告主探寻所有杠杆调节、广告空间、投资赞助和社论式广告的机会，并作为有效的媒介来整合直接的品牌广告或举行直接的响应活动。对用户的在线习惯、网站效率和效果付费的不断研究可以优化活动的结果。

● 移动互联网营销

作为全程数字整合营销提供商，好耶与移动营销产业链中所有服务商积极合作，以便提供高效率、高性价比、高回报的移动全程整合营销服务。

(1) 独有移动广告技术

好耶移动独有的智能定向技术、手机广告适配技术和实时广告效果优化技术。

(2) 精准定向

时间定向(按时间段投放并优化控量)

运营商定向(按移动、联通、电信三大运营商定向)

地域定向(按 34 个省及直辖市定向)

商圈定向(以某点为中心的圆定向)

终端定向 (按主流手机品牌、操作系统、价格区间定向)

用户行为定向 (整合 iOS/Android 两大应用市场，共 20 个分类定向)

(3) APP 营销

为品牌提供 APP 应用程序的设计、制作与推广。

提供针对不同手机操作系统的 APP 内置广告推送服务。

● 内容营销

(1)内容创造：根据品牌和产品特点结合受众喜好，由专业内容策划团队打造丰富多样的内容产品，传递品牌信息并且与消费者进行最高效的社会化深度沟通。

(2) 平台管理：管理企业/品牌在社会化媒体平台(微信、微博、论坛等)的声誉；借助好耶强大的媒体关系，在决策正确的基础上完成有效的公关舆情管理。

(3) 客户关系管理：为品牌主创建私有的客户数据库，与线上数据打通，将销售线索内容直接转化为客户数据，方便品牌主进行精准的线上互动营销和线下营销。

3. 公司案例介绍——李锦记 125 周年推广项目

(1)媒介方案

投放媒体为新浪微博。通过李锦记美食厨房官方微博的话题文案、新浪微平台活动以及微博红人 KOL 相关文案为活动引流，定制活动页面作为活动平台，活动结束后制作微刊进行二次传播(如图 2-9)。

(2)案例执行简介

活动目的：

● 提升品牌好感度，保持用户的高互动。

● 与电子商城链接，刺激业务增长。

图 2-9　李锦记 125 周年推广活动

活动创意点：通过分析用户微博数据，找出用户与好友（朋友、爱人、亲人）的感情持续期间，并生成趣味图片内容，用于传播。同时，植入菜谱与产品，赠送优惠券，刺激电子商场消费。

（3）营销效果

粉丝增长数量为 680 058；在由新浪微博官方产品——风云榜总结 2013 年 5 月食品饮料类品牌官方账号影响力排行中，@李锦记美食厨房 官方微博影响力排名第二，高于可口可乐、百威等热门账号。

（三）传统广告公司

技术的快速更新，新应用、新模式不断涌现，传统的广告代理公司不能仅仅满足于对电视、报纸、广播等传统媒体的利用，还需重视数字化革新。

【企业案例】

电众数码（北京）有限公司

1. 公司简介

2008年8月1日，世界广告巨头日本电通集团出资的网络广告公司电众数码（北京）广告有限公司正式运营，总部设在北京，并在上海和广州设有分支机构。

电众数码将整合市场资源、创意资源、媒体资源，为互动领域提供综合服务。电众数码（北京）广告有限公司的前身是北京电通广告有限公司的网络互动中心，北京电通广告有限公司的网络互动中心自1999年开始网络广告运营以来，一直是中国最大的网络广告代理公司之一。电众数码（北京）广告有限公司的定位是继承电通网络互动中心十多年的网络互动营销经验，活用电通的资源优势，成为一家连接企业和消费者、企业和企业，通过互联网领域的营销设计和沟通传播，不断创造新价值的公司。

2. 公司特色营销观点

Customer's Customer First（客户的客户第一）

电众数码不追求一时的利益，而是重视给客户（即企业的消费者）带来惊喜与更大的利益。为此，电众数码意识到不仅仅要了解直接用户——企业的需求，同时也要充分了解客户的需求。

Best Practice（最佳实践）

电众数码充分意识到自己是一家提供沟通传播服务的公司，对电众数码来说，必须要在沟通（communication）领域拥有最先进的技术与手法，并将技术与手法转化为最佳的执行与实践，为客户创造最佳赢利方式，以此赢得客户与合作伙伴的信任。

Based on Facts（以事实为依据）

用“facts”说话，这是电众数码的行动方针。根据“facts”，按照“PDCA”的循环模式，为客户创造价值。无论是提案，还是讨论问题，都要根据“facts”，通过数据化和量化，归纳出任何人都能客观判断的“facts”依据。

3. 公司案例介绍——伊利优酸乳草莓音乐节

(1)营销目标

借助草莓音乐节活动，改善伊利优酸乳品牌呈现老化的现状，与年轻的九〇后达成沟通，传递“打破常规 快乐逆袭”的品牌主张，从而激发他们对于优酸乳品牌的关注与兴趣。

(2)案例执行简介

● 深度互动,建立偏好

以新颖的互动方式黏合年轻受众的关注度,并通过社交分享完成对视频内容的扩散——基于这样的传播思路,选择拥有高聚合度和高黏度受众人群资源的人人网作为互动平台,主活动基本流程为:参与者进入站内观看视频、点击进行分享时,视频及相关文案以翻转的形式呈现,贴合"打破常规 快乐逆袭"的主张,同时,以其独特的传播方式形成迅速扩散。

● 病毒扩散,广度传播

同期将两支视频投放于视频媒体优土平台,以视频故事本身的创造性和悬疑性吸引目标用户主动观看和转发,在优土平台以及社交媒体形成广度扩散,也由此引发网友的自发讨论,在整个传播周期内促成了相当高的关注度。

● 多种形式,联合导流

以新浪、豆瓣、人人、优酷网站硬广配合百度关键词锁定,向人人网的活动网站进行导流,提升了整体的活动效果,对营销目标的达成起到了良好的配合与推进作用。

(3)媒介方案

借助 2013 年草莓音乐节的高人气平台,在网络上分阶段投放与草莓音乐节相关的网络原创视频,并通过对不同媒体的差别化应用,促成社交扩散,达成与受众的深度沟通,同时以广覆盖、高曝光的媒体组合方式,提高曝光力度,持续提升优酸乳品牌的整体知名度(如图 2-10)。

图 2-10　2013 年草莓音乐节现场活动图

第三节　网络广告发展趋势

一、广告主需求发展趋势

(一)投放精准化

易观国际根据调查分析，目前国内按效果付费的概念——精准式广告营销已经为越来越多的中小企业广告主所接受，进而对传统的“按展示付费”的广告位广告产生了强烈的冲击。在精准广告营销的大军中，主力军包括“搜索引擎广告”“窄告”“富媒体广告”“手机广告”“分类广告”“博客广告”，它们分别在搜索引擎、网络新闻媒体、网络流媒体、手机终端、网络分类目录、博客等不同的平台上演绎着不同的故事。

精准广告营销的发展，隐喻着消费者力量的觉醒与回归。随着受众对广告要求的不断提高，随着消费者对广告选择时间缩短的要求增加，消费者开始对强迫式的广告说“不”，反垃圾邮件运动、反弹出广告运动、反流氓插件运动此起彼伏，令传统广告运营商焦头烂额。而积极响应消费者、实施精准广告营销的运营商，则不仅征服了消费者，也征服了投资人。

(二)内容重点化

数据体现用户对于信息的需求，这也为广告主想传递怎样的信息提供了依据。每则广告在庞大的信息海洋中必须及时传递出卖点，避免误读。结合热点突出娱乐性与故事性，符合大众心理在情感上高度贴合群众，引发共鸣。“内容为王”在渠道愈加多元的时代让突出广告信息更显重要。

(三)广告形式多样化

从横幅广告到邮件广告，再到搜索广告、移动互联网广告，网络广告的形式愈来愈丰富，广告形式多样化愈来愈明显。这得益于网络技术的不断革新与进步，能够为受众提供更好的信息接触体验，从而提升广告效果。创新性在广告形式的运用中发挥了极为重要的作用，广告代理创新利用当前的媒介技术，突破常规，充分发挥互联网精神，充分利用网络媒体，进行广告策划。

(四)沟通即时性

相对于一般印刷媒体和广播、电视来说，广告发布的即时性是广告投放商最为关注的问题，也直接影响着产品的销售情况。网络自由链接的特性，使互联网几乎成为一个没有任何界限的广告发布媒体。人们可以在第一时间了解产品广告的内容，并做出相应的反馈，并且受众对于这种即时性的需求越来越急迫。

二、广告受众发展趋势

(一)受众碎片化

电视、报纸这些传统观念中的大众媒体垄断的局面逐渐被打破。随着私家车拥有量的增长和杂志专业化程度的深入，广播、杂志这些针对特定消费者群的媒体脱颖而出。以网络为代表的新媒体的发展更是推波助澜。媒体市场格局演变的最终原因是受众，大众媒体衰落，多种媒体并存，正是受众“碎片化”的最直接表现。

在传统观念中，利用人口统计特征进行分类已很难把握愈加捉摸不定的广告受众市场。专业化、个性化的传统媒体对年轻受众群体仍有很大吸引力，而网络、手机短信等新媒体也不只是年轻人的专利。在受众“碎片化”时代，导致受众割裂分化的根源在于受众的生活形态。受众的人口统计特征的区隔力越来越弱，拥有相似生活形态的消费者逐渐聚集，形成分众群体。他们在媒介接触方面更趋向于新媒体，从而促进了新媒体的发展。而新媒体的发展又加速了“分众化”趋势。

媒介“碎片化”其实是受众“碎片化”在媒介消费领域的体现。此时，广告受众深陷在各类媒介、各类信息中，所谓的“权威”声音很快被湮没在信息的海洋中。对受众而言，媒介“碎片化”更多体现的是“个性化”。广告主希望用一个节目或一本出版物获得大量受众已经不再可能，他们需要各种视听形态以吸引比以往更狭窄和更确定的受众。

(二)互动人性化

网络广告与传统广告的最大区别是可以实现双向互动交流，能直接与广告受众进行互动。

(三)流量巨大化

随着受众对弹窗、页面漂浮等广告形式的厌倦，大流量信息传递模式的网络广告逐渐成熟，此后，这一广告模式将成为一大发展方向，并且在此基础上出现娱乐互动性质的网络广告，流量的巨大化将进一步加大网络媒体对传统媒体的竞争优势。根据2015年中国互联网络信息中心(CNNIC)的调查结果，截至2015年6月，我国网民规模达6.68亿，互联网普及率为48.8%，其中使用手机上网的人群占比由2014年12月的85.8%提升至88.9%，手机上网已经渐成风气。这既说明了网络广告业的突破性进展，又说明了网络广告业同样存在众多尚待改进之处。从按时间计费的传统主流电视媒体的广告收费方式到按点击率计费的现代网络媒体的广告收费方式，甚至即将按实际效果收费，网络广告模式的确展现出其先辈无法企及的优势。手机将带着中国极具市场价值的潜在消费群在未来成为互联网不可或缺的重要终端力量。

三、媒介发展趋势

（一）媒介专业化

随着网站数量的不断增加、广告市场的进一步细分，客户对网络广告的投放进一步追求内容信息的专业化。特别是传统企业的产品，很多是专业化产品，垂直门户等专业性的网站是吸引其投放广告的一个重要平台。充分细分利用网站专业化资讯载体，将大大提高网络广告的有效针对性，这是打开专业化传统行业市场瓶颈的必由之路。

（二）媒介整合化

门户网站的网络广告收入发展稳定，今后依然是中国网络广告媒体收入最主要的组成部分，但是随着特色专业媒体的激增，网络媒体间的竞争会愈演愈烈。在网络媒体的竞争中经济实力是基础，服务质量是根本，媒体权威是品牌，加强基础、确保根本、追求品牌，才能在竞争中取胜。

在门户类媒体中，新浪仍然是中国网络广告市场中的老大，访问量和客户数量在门户阵营中处于领先位置，2004 年度的网络广告收入达 5 亿多，这一收入已经可以与一些传统大型媒体集团的收入相媲美。

2004 年，中国专业类网络媒体数量大幅增加，有一定网络广告专业销售队伍的网络媒体从 40 多家急速增加到 80 家左右，网络广告专业媒体市场炙手可热。其中，专业类媒体增长最快的一个行业是网络游戏行业。可见，资本的力量已经开始重视专业类网络媒体的发展，未来行业资源整合将会是专业类网络媒体的一个发展方向。

网络媒体并不是尽善尽美的，而且并不是所有产品都适合投放网络广告。不同性质的媒体有不同的功能及特点。报纸广告不易更改，传阅者多，直接呈现的广告信息量大，具有一定的权威性；杂志广告制作精美、信息保存时间较长；电视广告受众多、影响力强、表现形式生动。网络广告与传统媒体广告合作，不但不会威胁到传统媒体广告的生存，相反会激活其广告市场，从而实现双赢。

网络广告色彩、音效上的优势使其比报纸广告更具有吸引力，但由于网页版面的原因，其大多受到尺寸的限制，往往需要通过链接才可找到产品的详细资料，报纸广告丰富的信息容量与网络广告相似，适合那类需要详细叙述功效或使用方法的产品，而且相对于网络广告，报纸广告可随时翻阅，不会受到设备的影响。虽然电视广告的表现形式和网络广告比较接近，但电视还是当下最受欢迎、最普及的媒体，尽管电视广告稍纵即逝，但是在网络广告后投放简短的电视广告，有助于唤回消费者的产品记忆。[①]

四、网络广告技术发展趋势

（一）运营严谨

网络广告客户收集、代理渠道的建立以及网络广告的策划、发布等都处于初级阶段，整体运营体系和电视等传统广告行业运营体系相比还有一定差距，但随着中国网络广告的进一步发展，运营体系链上的各大环节也必将趋于严密和成熟。

数据在营销过程中所发挥的作用更加重要，借助数据的力量我们有机会更深入、全面地洞察消费者，能够更清晰地理解不同营销渠道的营销结果，以及各个因素对于营销效果的影响，使营销者能够借助程序化购买平台与工具，实现大规模精准定位的自动化、程序化购买。

社会化营销之所以获得突飞猛进的发展，离不开精准化的营销效果，而这需要建立在海量的互联网数据及对人的理解和分析的基础上，因此，云计算的概念很自然地被引入到了这个领域。而在这个大数据时代，以用户行为为核心的系列数据将是海量的，这对企业的计算能力、存储能力和数据分享能力是一项巨大的挑战。

“大数据包括企业信息化的用户交易数据，社会化媒体中用户的行为数据和关系数据以及无线互联网中的地理位置数据。大规模的个性化营销是最具核心竞争力的。”拉里・韦伯认为，目前已经到了收集数据的黄金时期，如何整合这些数据成为未来的关键任务。

“大数据时代，网络媒体正在从单纯的内容提供方进化成开放生态的主导者，大数据时代的社会化营销重点是理解消费者背后的海量数据，挖掘用户需求，并最终提供个性化跨平台的营销解决方案。”刘胜义强调，社交广告之所以可以智能地提升自己的精准广告能力，给企业带来更高的投资回报率，这是社交广告独有的特点，而这个特点依赖于对用户的理解。

由于广告直接售卖到个体，这无疑大大增加了目标的精准性，因为这些个体背后的所有属性都一目了然：性别、年龄、职业、关注品类等相关信息。作为第三方的社会化营销机构，在品友互动人群网络公司的人群数据库中，人群属性细分标签目前已多达 3 155 个，涵盖地域、人口属性、个人关注和购买倾向四大类。以人口属性为例，又按照性别、年龄、职业、月收

---

① 《我国网络广告的发展前景》，233 网校，http://www.233.com/ec/wangluo/20111025/115519771.html。

入、学历、关键人生阶段六个维度细分。这些维度又可以进一步细分达七层之多。

作为平台商，腾讯还将通过平台开放、数据开放、工具开放，尤其是通过对用户行为数据的洞察、分析和挖掘，为每位用户"画像"，通过差异化标签在品牌和受众之间建立社会化营销关联。但仅仅是提供画像，而非具体的数据。为了保证数据和信息的安全性，刘胜义表示，腾讯不会提供给客户直接的用户数据，会对用户数据进行分层保护，底层数据和基础用户信息不做商业化。[①]

（二）形式新颖

网络广告的形式从最早的文字广告、图片广告逐渐演变为视频广告、交互式广告等多种形式，"网络"注定是一个比传统媒体更具创新性的行业，未来中国国内网络广告体系也将会快速地吸收国外已相对成熟的网络广告优势，快速地融入本土特色，不断地在消费者眼前涌现出各种纷繁复杂的广告类型。[②]

（三）广告购买模式程序化

程序化购买指的是通过数字平台代表广告主，自动地执行广告媒体购买流程，与之相对的是传统的人力购买的方式。

程序化购买模式通常使用一个自动化、程序化平台来购买广告，它包括 RTB（real-time bidding）实时竞价模式和 non-RTB 非实时竞价模式。程序化购买相比传统数字营销媒介购买模式，其优势是：在每一个单一的展示机会下，将适当的广告在适当的情境下提供给适当的消费者。

这种方式，对广告主而言，可以只对那些他们想获取的目标消费者付费，从而提高了广告预算的回报；对媒体而言，可以获取更大的收益；对消费者而言，可以只看那些与他们的特定需求和利益相关的广告。

随着网民媒体消费行为的碎片化，在海量的数字营销资源中实现对于目标客户的精准定位成为极其迫切的需求，依靠传统的媒体排期广告投放模式已经难以适应当前的媒体环境与用户习惯，因而程序化购买模式作为代表数字营销领域规模化、精准化、程序化趋势的新营销方式应运而生（如图 2-11）。

在中国，程序化购买首先发源于广告交易平台的崛起。阿里巴巴集团于 2011 年 10 月正式对外发布 TANX 广告交易平台，成为中国最早发布广告交易平台的互联网巨头。

---

① 赵正、卢曦：《大数据时代重构数字营销：从做广告到讲故事》，《中国经营报》，http://www.cb.com.cn/companies/2012_0512/373611_5.html。

② 《网络广告发展趋势》，分形科技，http://www.fractal-technology.com/cn/sitebuild/plan/2013033027629.html。

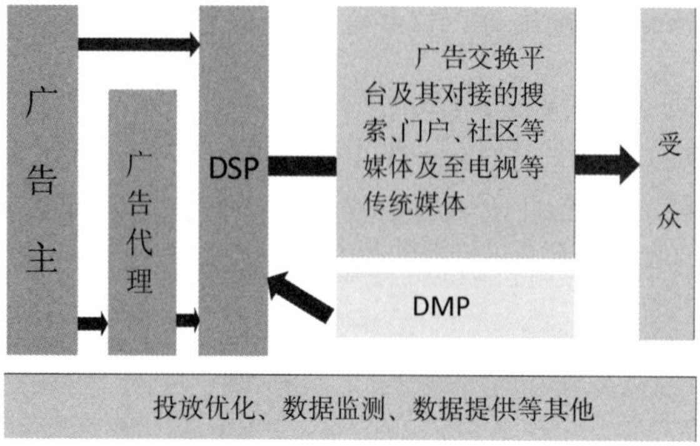

来源：艾瑞咨询集团

图 2-11 理想化投放过程

2012 年 4 月，谷歌正式宣布在中国推出 DoubleClick AdExchange 广告交易平台，加入到中国程序化购买的发展大潮中。随后，腾讯、新浪、盛大、秒针、优酷土豆、百度等广告交易平台相继推出。IDC 报告显示 2013 年中国 RTB 展示广告市场实现 300%的增长率。作为程序化购买实现的基础，广告交易平台实现了广告主、代理商、DSP 需求方平台与 SSP 供应方平台、媒体卖方资源的对接，增强了整个数字营销供需的流动性与透明性。

2013 年，通过程序化购买的投放量已经占所有数字展示广告的 10%，预计到 2017 年这个占比会上升至 24%。[①]

(四)实时竞价(real-time bidding)将呈爆发性增长

RTB 在 DSP 平台和 ASP 平台之间架构起一座桥梁，把用户作为一个单位来实现广告的推送，通过技术手段，用互动的方式把广告投放到用户接收端。

互动通控股集团研发副总裁、研究院院长顾以文指出，2012 年是中国 RTB 元年，国内已经有不少用户在使用 RTB 做一些网络广告的投放。但是，RTB 在本土化的时候，所面临的诉求是非常复杂的。腾信的副总裁吕欣欣指出，阻碍 RTB 本土化的障碍主要有三点：一是国内流量的质量低，并不是非常适合 RTB 这种类型的广告平台生存；二是广告主的抗拒，相对国外来讲，国内广告主对网络广告的成熟度较低，除了电商、网游等本身是网络应用或网络服务的行业，其他行业的广告主对 RTB 这样的新模式都有一定的抗拒和排斥心理；三是广告提供商的抗拒，因为他们习惯了现状，贸然启用新技术、新模式，需要大量的技术、人员、资金等各方面的投入，另外他们同样担心这样的平台做大后，会抢夺自己的定价权。吕欣欣认为，这三点是 RTB 在中国本土化过程中遇到的问题，同时也是短期内无法打破的

① 资料来源：艾瑞咨询集团。

坚冰。

(五)视频广告将有显著增长

根据艾瑞数据显示，目前中国有4.9亿网民使用在线视频服务，在线视频的用户规模和市场份额已经跃居第一，成为互联网第一大应用，其影响力持续增加。而根据艾瑞预测，2013—2015年，中国在线视频行业广告规模分别为127.1亿元、162亿元和250亿元，网络视频已经成长为最重要的媒体平台和广告投放平台之一。

腾讯视频产品市场中心副总监张磊指出，在线视频所具备的移动化、社交化、互动化这三大趋势使用户在视频信息的获取上更加便利，用户喜好度持续增长。同时，在线视频的广告形式更加多元化，除了传统的贴片广告、品牌冠名之外，还有品牌植入、品牌微电影等多种形式。其中品牌植入就能演变出多种形式，如在视频中直接植入品牌形象，或是在访谈类节目中配合品牌植入讨论话题等。

据张磊介绍，经过19个月的快速成长，腾讯视频已经取得了用户覆盖第一、成长第一、专业第一的行业地位，并且开始着手于在线视频广告形式多样化方面的尝试，如在刚刚引进的《康熙来了》综艺节目中不仅有传统的视频贴片广告和冠名赞助模式，还根据广告主需求打造定制节目，从而最大范围地满足广告主差异化的营销需求。

在线视频还可通过热视频联播、大UV覆盖、追身定投、多级库存联投、社交化贴片这五大优化方式提高广告投放效果，更好地帮助广告主实现精准营销。

同时，在线视频结合社交分享，能有效地驱动病毒式视频口碑关系链的传播。张磊指出，45.3%的用户在选择视频时，会关注那些评论和转发次数多的视频；而21.3%的用户会将自己感兴趣的视频转发给自己的好友。如NOKIA Lumia《凡事不平凡》的病毒视频营销就利用腾讯全平台social资源联合推广，实现了40天播放量6000万次和Qzone认证空间粉丝提升200万次的效果。

互动是品牌与视频用户沟通的重要方式，而在线视频与互动体验的结合，则能丰富用户的观影体验，提升品牌的传播效率。如中华牙膏《我的微笑闪亮未来》微电影互动项目就通过情感共鸣来引发用户的深度互动。通过看视频找微笑，票选个人心愿、送大礼等多种途径传播微电影精神，实现了独立用户访问网站422万次、礼物主动传播16万次及礼物二次传播28万次，极大地提高了品牌知名度和影响力。

(六)消费者成为核心

今天以B2C、C2B为代表的新的交易模式，以SNS等为代表的新的交互渠道模式，给中国的网络广告带来了巨大的突破。在新的网络环境下，用户的价值不断增加，用户的地位不断提升，Customer 成为如今网络广告的核心。

微软全球市场部亚太区市场总监杜美红作为广告主指出，要想做好广告，一定要做好的是沟通，消费者心目中很清楚产品好不好，会作出自己的判断。她认为，要尊重每位客户在购买过程中的选择和反馈，并且能够及时反馈给他们丰富的内容来维系与客户之间的关系，这是所有销售模式取得成功的关键点。

易传媒高级副总裁田万桂认为，无论是品牌力还是销售力，归根到底都离不开对人的整合，所以需要在整合过程中不断研究人的行为，利用媒体的特点去动态优化各个领域的方法，提高对人精准的抓取度，以及持续的沟通力，这样才有可能实现品牌力与销售力双线的推进。最终能够形成用户一体化、数据一体化、品牌与销售相整合、传统与数字相整合、线上与线下相整合的立体体系。

思考题

1. 网络广告的发展经历了哪几个重要的发展阶段？有哪些标志性的事件或案例？
2. 现阶段的网络广告发展遇到了哪些困境与机遇？
3. 网络广告发展趋势如何？请谈谈自己的看法。

第三章　网络广告策划

本章要点

1.理解网络广告策划的含义

2.掌握网络广告策划的一般规律和方法

3.熟悉网络广告策划的主要内容

第一节　网络广告策划概述

一、网络广告策划的定义

首先我们需要明确广告策划的定义，所谓“广告策划”，就是根据广告主的营销策略和广告目标，在市场调查的基础上，制订出一个与市场情况、产品状态、消费者群体相适应的经济有效的广告计划方案，并加以实施和检验，从而为广告主的整体经营提供良好服务的活动。[①]

关于网络广告策划的定义，具有代表性的主要有以下几种：

(1)网络广告策划是从整体出发对网络广告进行的运筹和规划。为了传播广告信息，需要协调和安排整个广告活动，考虑广告设计、广告投入、地域安排等具体环节。[②]

(2)所谓网络广告策划，是在符合企业广告总体战略的前提下，以充分调查和研究市场为基础，科学地制定网络广告总体战略，以达到广告宣传效果的最大化过程。[③]

(3)在符合企业总体广告战略的前提下，以充分的市场调查和信息研究分析为基础，经过广告主和网络广告经营单位的共同努力，科学合理地制定网络广告的总体战略，控制广告

---

① 丁俊杰、康瑾：《现代广告通论》，中国传媒大学出版社 2007 年版，第 228 页。

② 屠忠俊：《网络广告教程》，北京大学出版社 2004 年版，第 157 页。

③ 刘友林：《网络广告实务》，中国广播电视出版社 2003 年版，第 51 页。

实施及其效果，以达到广告宣传效果最大化而进行的创造性谋略过程。[①]

综上所述，网络广告策划是指网络广告经营单位根据广告主的网络营销计划和广告目的，基于市场调查、分析，从全局角度筹划网络广告活动，制定网络广告战略方向的过程。

网络广告策划与传统的广告策划在目的和内容上有很多相似之处，从市场调查、信息分析、广告预算制定以及广告评估等环节来说没有本质的区别，但是网络广告策划的独特之处在于网络广告使用互联网这个特殊的媒介形式，其策划也带有特殊性。在网络广告策划的过程中，寻求广告对象，制订广告计划、广告创意都需要根据互联网的特性进行分析。网络广告策划是一个科学的程序，是一个理性的、复杂的思维过程，但是策划绝不是静态不变的，它是一个动态的过程，它会随着市场、媒介的变化不断产生新的形态，不断满足新的需求。

二、网络广告策划的原则

（一）整体性原则

整体性原则要求广告人在进行网络广告策划时，要从整体的角度考虑问题，保证部分和整体的统一性。网络广告策划中的每一个部分之间都是互相依存的关系，它们之间环环相扣、缺一不可，各个环节之间都是有关联的，不能顾此失彼、各自为政，策划中的各个方面都要服从统一的营销目标和广告目的，如果不能把握整体性原则，就无法进行全面统筹广告的活动，广告策划也就失去了存在的意义。

在实际操作过程中，广告人有时会将注意力集中在策划的一个环节上，对某一个部分非常感兴趣，导致整体策划的重心偏移。还有一种情况是，一个广告活动的策划交给不同的人去分别完成其中的不同部分，当把各个部分联合起来的时候发现策划当中的某一个分析结果与后面的分析结果相矛盾，而广告创意并未针对之前的分析给予准确的表达，甚至产生冲突。这些情况在学生实践过程中经常出现，所以，对于网络广告策划相对庞杂的工作而言，需要对策划当中的各个环节进行准确的评估，并具有明确的思路来统领整个策划过程。整体性原则还体现在，网络广告策划不能只满足一次网络广告活动的需求，应该从长远出发，维护企业的形象，服务于企业的整体营销战略，促进企业健康发展。

（二）有效性原则

网络广告策划要让广告活动为企业带来有效价值，保证广告活动的延续性和有效性，这种效果不仅是经济效益，而且也包括社会效益。网络广告策划的重要作用是明确目标并控

---

① 林升梁：《网络广告原理与实务》，厦门大学出版社 2007 年版，第 28 页。

制风险，策划的各个环节应做到科学合理，保证广告活动能够为企业带来效益。一个成功的策划可以产生立竿见影的成效，也许因为一则广告企业就获得了不错的收益，但是绝不能因为眼前所产生的利益就不顾及长远规划，不能只顾经济利益而放弃社会利益。每一个广告活动都会影响到企业的形象和价值，科学的策划要对各方面的利益做全面考量，帮助企业作出长远规划，才能使企业得到最大的回报。

（三）灵活性原则

灵活性原则要保证网络广告策划具有调变的可能。虽然策划工作具有一定的程序性和统一性，但是如果一直一成不变，那么僵化死板的策划一定不能获得成功。正如有句话所说：第一个把女人比作鲜花的是天才，第二个是庸才，第三个是蠢才。对于网络广告策划，分析研究的客观事物，市场环境、产品情况、广告对象、媒介形式、法律法规都可能发生变化，广告策划一定是处于不断变化和调整过程中的。在网络广告策划形成的过程中，如果某一个环节或者某一个细节发生变化，那么就需要及时调整广告策划的战略方向。或者在广告创意阶段，如果发现广告创意不能或者很难表现出广告策划的目标，就要对策划的方向作出修改。灵活性原则就是要保证网络广告策划能够顺利实施，保证广告活动的有效开展。

（四）针对性原则

网络广告策划的目的是要为广告活动设定一个明确的目标，这个目标具有极强的针对性，这样才能够准确地达到广告效果。对一些广告主来说，他们希望自己的产品或者服务能够让所有人都喜欢，这种愿望是可以理解的，广告策划的目的是为了将产品准确地勾勒出来，让它在同类产品中以自己独特的优势显现。广告人应当充分了解产品的特性，掌握消费者情况，分析市场状况，根据产品的生命周期等条件为其制订专属的策划方案。如果一个策划方案用在这个产品上可以，套用在另一个产品上也可以，那么这个策划就缺乏针对性，很难提高广告的效果。

（五）指导性原则

网络广告策划具有科学性，它对于广告的实施和制作具有指导性意义。网络广告策划的制定有着严格的规定，每一个步骤、每一个结论都是有据可依的，所以它影响着整个广告活动的有序进行。广告活动实施过程中的多个环节：广告创意、设计制作、广告投放、媒介等方面都在策划中进行整合。如果广告活动实施以后没有达到预期的效果，则可以回溯到策划方案的内容，找到问题所在。策划的指导性体现在广告活动过程中对于广告内容的修正和把握，如果没有合理的策划，广告活动就是盲目的。

三、网络广告策划的特点

网络广告策划不同于传统意义上在大众媒体上进行的广告策划活动，传统大众媒体的广告策划活动是“一对多”的传播模式，受众比较被动，很难对此发声。而在网络时代，尤其是自媒体时代，网络广告的传播模式已经转变为“多对多”，网络媒体与受众的关系趋于平等，人们可以并且乐于对此发声。因而，在网络广告策划中，首先就要转变观念：不是“对谁说话”，而是“与谁对话”。

（一）互动性

在网络技术迅猛发展的同时，一些基于网络的互动技术也愈加成熟与普及，如果在网络广告策划中增加一些互动的内容，则会给单调的广告形式增光添彩，也比一般的广告更加能吸引受众的注意并提高参与度。

（二）娱乐性

在一个网民与网络媒体地位越来越平等的时代，网民的选择权越来越大，一板一眼的对话方式已经不能引发受众的注意与好感，可以这么说，全民娱乐的时代已经到来，唯有那些具备“娱乐元素”的活动才能够引起反响，才能达到预期的效果。甚至可以说，“有趣”是网络广告策划成功的重要条件。

（三）分享性

现如今，有大量的网民分布于各种社交网站，社交网站滋养的“分享”特质已经深入人心，人们会乐于分享自己认为“好”或者“有趣”的东西，来体现自己的个性。网络广告策划也应该抓住受众的这个特质，给观众带来有“个性”且“值得分享”的体验。

（四）体验性

在这个选择越来越多且信息越来越透明的时代，消费者不再盲目地听从商家告知的信息，他们更加相信“网友”所言或自己的亲身体验，从前者入手，就必须要使受众乐于分享；而从后者着手，则更要加强用户的“真实体验”，这种体验越贴近真实就越好。

四、网络广告策划的意义

著名的广告大师克劳德·霍普金斯在其著作《科学的广告》中讲到“战略”时，指出：不加准备就做的广告，就像未加利用的瀑布，声势可能很大，但是不会产生什么效果。我们必须集中力量，选择可行的路径。

网络广告策划对于不同的主体而言意义就不同，接下来我们就来看网络广告策划对广告主、受众和媒体这三个主体的不同意义。

（一）广告主

1. 为后续的营销传播活动打下良好的基础

网络广告策划作为整个广告策划活动的一部分，对整个营销传播活动的意义可谓重大。只有作为其中重要环节的网络广告策划做好了，才能为后续的营销传播活动奠定良好的基础。

2. 优秀的网络广告策划可以直接带动销售

广告活动进行中可以直接进入购买程序的流程对于消费者而言已经并不陌生了，在网络交易和网络支付如此发达的环境里，优秀且有感召力的网络广告策划活动能够直接促进消费者点开网购页面，完成一次“广告宣传活动——购买”的完整行为。

3. 不当的网络广告策划可能会对品牌造成负面影响

从相反的角度而言，一些不当的网络广告策划可能会引发受众的不满情绪，进而对品牌和企业造成负面影响，影响品牌的美誉度，降低消费者对于品牌的忠诚度，甚至会影响品牌的长期发展和价值提升。

（二）受众

1. 引起关注

成功的网络广告策划活动能够吸引受众的关注，受众可能会进一步了解详细信息，如果广告宣传与购买渠道结合得更密切一些，甚至可以直接引发消费行为，尤其是快速消费产品。还有一些受众在看到感兴趣的广告信息之后，可能会对产品作深入的了解，在了解广告信息之后可能会进行购买或者在网络上分享给他人。

2. 增强传播

网络的受众已经越来越具备“媒体”的功能，他们本身的传播力比以往更强。所以，在网络上进行的广告策划活动尤其要注意，优秀的网络广告策划活动通过影响受众能够引发二次传播，产生更大的影响力；而不当的广告策划也会随着不好的名声传播开来，甚至比优秀的广告活动传播得更快。

(三)媒体

1. 优秀的网络广告可以成为媒体的内容资源

网络广告策划可以针对媒体进行有目的的广告信息投放,广告信息与媒体情境契合,或者广告能够引起媒体受众的兴趣,这样既实现了广告信息的传播,又体现了媒体的价值,实现多赢效果。优秀的网络广告完全可以成为媒体的内容资源,有趣的广告活动也可以为媒体增加人气。

2. 不当的网络广告对媒体发展产生负面影响

一些网络广告会影响受众观看媒体上的内容,严重破坏了用户体验,导致受众对广告信息的反感和对媒体的不满,比如弹窗广告、插播广告、生硬的横幅广告,还有一些与媒体情境完全不符的广告内容,这类广告信息不仅不能被很好地传播,而且也会让媒体的声誉和形象受到影响。

第二节　网络广告策划程序与内容

一、网络广告策划程序

网络广告策划是为广告主制订具有明确目标的网络营销活动计划,而策划书的形成是要经历一个严谨的过程的。广告策划人员首先要了解广告主的网络营销战略、要实现的目标、面临的问题,其次是要了解网络广告活动在整体营销战略中所处的位置。企业通常会有明确的网络营销战略,还包括网络市场细分、网络目标市场和定位。

市场细分是美国营销学者温德尔·史密斯在20世纪50年代提出来的,传统的市场细分方式与网络市场细分方式非常相似。网络市场细分是依据网络消费者的购买欲望、购买动机与习惯爱好的差异性,把网络市场划分成不同类型的群体,每个消费群体构成企业的一个细分市场。网络营销市场可以分成若干个细分市场,每个细分市场都由需求和愿望大体相同的消费者组成。网络市场细分的主要方式有:人口统计细分、地理细分、心理细分、行为细分。

网络目标市场是企业在市场细分后,从所有的细分市场中选定出来的,决定要进入并开展营销活动的细分市场。任何一个产品都不可能让所有的消费者满意并购买,因此企业要对市场细分进行评估,选择有购买力、有潜力的一个或者几个细分市场开展营销活动。

产品定位是指企业为产品和具体的营销组合确定一个富有竞争力并且具有独特性位置的行为。也就是要培养本企业产品的特色,树立一定的市场形象,在消费者心中形成一种特殊的偏好。现代营销学之父菲利普·科特勒在谈到成功的营销战略时指出:成功的战略,就是仔细地定位目标市场，并且直接向该目标市场提供一流的产品或服务。产品或服务在一个或几个方面的独特表现必须是一流的，例如更好的质量、更多的特色、更低的价格或者物超所值。否则，企业的产品或服务就只能是对他人产品或服务的简单模仿，缺乏吸引消费者的独创特质。

在了解了广告主的网络营销战略之后可以明确广告主委托的目的，接下来广告策划者还需要通过大量的调查和分析逐步提出网络广告策划。下面简要地说明网络广告策划的步骤。广告策划主要分为三个主要阶段：调查分析阶段、拟订计划阶段、执行计划阶段（如图3-1）。

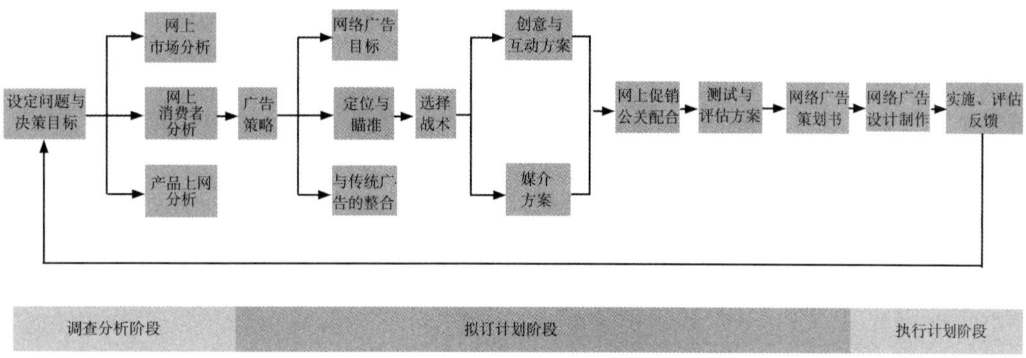

图 3-1

二、网络广告策划书的内容

一般而言网络广告策划书的内容主要分为以下几个部分。

（一）项目名称拟定及项目概述

根据广告主的广告战略目标或是产品特性制定一个容易记忆、便于讨论的项目名称。并且用简单的文字来描述策划的内容，包括产品的基本情况、此次广告活动的目标、采用什么形式来表现等。

（二）环境分析

广告的策略分析要从环境分析入手，环境往往对企业营销和广告策划产生影响。

环境分析是影响广告活动及其企业、市场、竞争对手以及消费者的因素，环境主要包括：经济环境、技术环境、政治环境、人口环境、文化环境、自然环境。这些因素对广告活动具有制约性和渗透性。比如，经济萧条使消费者预算收缩，奢侈品销售量下降；自然环境的污染使消费者更注重绿色、环保和健康类的产品等。在制定广告战略的过程中，我们必须关注这个大环境，并使广告战略创造性地适应动态环境。环境分析的目的在于预测环境中变化的因素对广告策略的影响，寻找企业可利用的机会，并规避风险。

(三)市场细分选择和消费者行为分析

消费者是广告信息的接受者，在研究消费者行为之前应该限定消费者群体的范围，即确定市场细分。消费者群体确定之后广告策划者再有针对性地研究消费者行为。研究消费者行为主要是为了了解本产品或品牌消费者的购买习惯和媒体接触偏好。在市场中捕捉自己的消费者的方法通常是市场细分法；也可以根据网络消费者的数据进行分析，准确地了解他们的购买习惯、欲购买的产品、购买偏好等信息。例如在“淘宝指数”输入要查询的关键词，如“雨伞”，就会出现与这种产品有关的市场趋势分析和市场细分。从网络搜索指数到消费者的地域细分、消费者定位都有详细的数据，这些信息可以帮助策划人员捕捉目标消费者，了解他们的消费行为。

(四)产品分析和提取诉求点

产品分析是对产品的整体进行研究，这里指的产品既包括产品核心利益或服务，也包括产品的名称、包装、外形设计等有形部分，还包括产品的售前、售中、售后所提供的服务。广告人还需要考察产品所处的生命周期，使广告策略切实为产品营销服务。最后，还要将产品放置在企业的产品组合中进行综合考虑，明确产品所承担的功能和意义。基于这些分析广告策划者可以得出产品的核心竞争力和特性，也就可以确定广告诉求的核心内容。

● 产品生命周期的四个阶段

产品在市场上的销售情况随时间推移而变化。从进入市场到退出市场，产品的生命周期分为四个阶段：导入期、成长期、成熟期和衰退期。产品在生命周期中的位置会影响到所采用的广告形式。

(五)竞争分析

任何产品总是归属于某个市场范围的。市场竞争分析的目的是认清市场格局，了解竞争对手的长处和短处，寻求个体间的竞争优势。竞争对手很多，包括直接竞争对手、间接竞争对手、替代者。这些市场参与者中任何一方的战略调整都会引发复杂的变化，从而使市场格局发生改变。直接与竞争对手进行比较是简单有效的分析方法，目的是要了解对方的优势和弱点，这样我们就能了解自身的优点和差异点，在竞争关系中取得突破进展。

（六）SWOT 分析

在以上各部分分析的基础上，广告策划人员就可以进行系统的分析了，以 SWOT 的分析模式做一个总结，其目的是确认企业或品牌的优势（strength）和劣势（weakness）、机会（opportunity）和威胁（threaten），并寻找以下结论：

第一，在企业现有的条件下，如何发挥自身的优势条件；

第二，为了应对竞争和环境变化，需要对产品或服务采取哪些调整；

第三，结合以上两个结论，采取怎样的广告行动。

（七）制定网络广告目标

网络广告目标是明确网络广告活动的任务，为保障网络广告运作方向而设定的一个工作环节。网络广告的目的是指网络广告活动的大方向，而网络广告目标则是在网络广告目的的基础上，以具体的数字来量化说明网络广告的目标（如销售量目标、利润率目标），使网络广告运作能够依据具体的任务，有理、有据、有效地完成广告任务。

（八）确定网络广告策略

网络广告策略的制定在广告运作过程中是一个承上启下的环节。在完成策略分析的基础上，才能进行网络广告作品的创意设计，确定网络广告活动中媒体的选择。

在制定网络广告策略时，广告策划人员要依据前面大量的调查和分析，确定目标消费群体，考虑如何接近他们并且用什么方式影响他们。明确网络广告策略之后，可以为下文要进行的网络广告创意设计规划出大致的方向和风格，对于网络广告活动的进行也具有指导作用，在网络广告投放、媒体计划等方面也能提供预判功能。

（九）网络广告创意设计

本书在第四章还要对网络广告创意设计展开详细的讲解，这里只从网络广告策划流程的角度简要介绍一下网络广告创意形成的过程。

在网络广告创意产生之前，策划者要对网络广告战略的几个要素有充分的了解，在广告公司中策划人员都会花费大量的时间去做市场调研，并根据对广告主的了解去制定网络广告策略。广告创意不能天马行空，需要贴切产品的特点，与此同时，网络广告媒体所具有的特殊媒体属性也可以运用到广告创意中去，包括互动性、分享性等。

(十)媒体选择

作为企业整体广告宣传活动的一部分,网络广告要服从企业的整体广告策略,也可以通过线上线下广告的整合,达到综合传媒的最佳效果。

媒体投放策略要根据产品和媒体的特点进行选择,要了解媒体的性质和风格,以及媒体的受众人群,如果产品特征与媒体匹配将会收到事半功倍的传播效果。网络广告的形式非常丰富,需要谨慎选择网络广告媒体和投放位置。

(十一)确定广告预算

广告预算是广告主为进行广告活动而支付费用的预估。广告主寻求的是高回报、低成本,如何利用有限的资金产生最大的广告效果是贯穿整个广告策划过程的关键。广告主在选择网络媒体时通常会采用多平台、多形式组合宣传,网络媒体投放呈现多而杂的特点,而广告效果却难以准确测量。因此,针对网络广告策划,如何科学地做出广告预算,获得性价比最高的广告方案需要广告策划人员专业的预算。常见的预算方法有:销售百分比法、市场份额法、反映模型法、目标任务法等。

(十二)测试、评估

广告效果评估并非是只在整个广告活动结束之后才做的评价,而是在广告策划过程中,就需要将广告预期效果展示给广告主,让广告主对其进行评估。这也是广告主最关心的部分。

网络广告的设计制作对技术的要求相对较高,由于网络广告的形式多样,其开发环境也相对复杂。因此在网络广告设计完成之后,还需要分别在技术和创意方面进行测试和评估。例如,一个具有交互性功能的富媒体网络广告能否在所有的浏览器上正常显示?广告的交互效果、声音、动画、影像元素是否能达到预期的效果?能否为广告受众带来完美的操作体验感?对于创意方面的评估,可以请一些消费者在设计完成后进行浏览,考察是否符合目标消费者的喜好,广告是否能引起消费者的关注,广告是否能引发消费者的购买欲望。

在广告效果评估环节,策划人员需要利用各种评估体系及指标数据,对广告效果进行预期测评。在传统广告时代,评估体系相对完善,权威度较高。但在新媒体环境下,网络媒体的效果测量缺乏统一的评估标准。因此,网络广告效果评估还需要采用更加科学、合理的方法进行改进,这部分内容将在第八章具体阐述。

（十三）时间及人员安排

参与此次网络广告策划的人员分工安排，以及每一个环节的时间安排。

三、网络广告策划书模板

（一）环境分析

1. 企业网络广告策划环境中宏观的制约因素

（1）企业所处区域的宏观经济形势

总体的经济形势

总体的消费态势

产业的发展政策

（2）政治、法律背景

有利或者不利的政治因素是否可能影响产品的销售和广告

有利或者不利的法律因素是否可能影响产品的销售和广告

（3）文化背景

企业的产品与目标网络的文化背景有无冲突之处

网络消费者是否会因为产品不符合其文化而拒绝产品

2. 网络广告策划环境中的微观制约因素

企业的供应商与企业的关系

产品的营销中间商与企业的关系

3. 网络概况

（1）网络的规模

网络的销售额

消费者总量

消费者总的购买量

以上几个要素在过去一个时期中的变化

未来网络规模的发展趋势

（2）网络市场的构成

网络市场的主要品牌

各品牌所占据的网络份额

网络上居于主要地位的品牌

与本品牌构成竞争的品牌是什么
未来网络构成的变化趋势如何
(3)网络市场的构成特性
网络市场有无季节性
有无暂时性
有无其他突出的特点
4. 营销环境分析总结
(1)机会与威胁
(2)优势与劣势
(3)主要问题点

(二)消费者分析

1. 消费者的总体消费态势
现有的消费时尚
各类消费者的消费行为特性
2. 现有消费者分析
(1)现有消费群体的构成
总量
年龄
职业
收入
受教育程度
分布
(2)现有消费者的消费行为
购买的动机
购买的时间
购买的频率
购买的数量
购买的渠道
(3)现有消费者的态度
对产品的喜好程度
对本品牌的偏好程度

对本品牌的认知程度

对本品牌的忠诚度

使用后的满意程度

未满足的需求

3. 潜在消费者

(1)潜在消费者的特性

总量

年龄

职业

收入

受教育程度

(2)潜在消费者现在购买行为

现在购买哪些品牌的产品

对这些产品的态度如何

有无新的购买计划

有无可能改变计划购买的品牌

(3)潜在消费者被本品牌吸引的可能性

潜在消费者对本品牌的态度如何

潜在消费者需求的满意程度如何

4. 消费者问题调查

机会与挑战

优势与劣势

主要问题点

(三)产品分析

1. 产品特征分析

(1)产品的性能

产品的性能有哪些

产品最突出的性能是什么

产品最适合消费者需求的性能是什么

产品的哪些性能还不能满足消费者的需求

(2)产品的质量

产品是否属于高质量的产品

消费者对产品质量的满意程度如何

产品的质量能继续保持吗

产品的质量有无继续提高的可能

(3)产品的价格

产品价格在同类产品中居于什么档次

产品的价格与产品质量的配合程度如何

消费者对产品价格的认知如何

(4)产品的材质

产品的主要原料是什么

产品在材质上有无特别之处

消费者对产品材质的认识如何

(5)生产工艺

产品使用什么样的工艺生产

在生产工艺上有无特别之处

消费者是否喜欢这种工艺生产的产品

(6)产品的外观与包装

产品的外观和包装是否与产品的质量、价格和形象相称

产品在外观和包装上有无欠缺

外观和包装在同类产品中是否醒目

外观和包装对消费者是否具有吸引力

消费者对产品外观和包装的评价如何

(7)与同类产品的比较

在性能上有何优势,有何不足

在价格上有何优势,有何不足

在材质上有何优势,有何不足

在工艺上有何优势,有何不足

在消费者的认知和购买上有何优势,有何不足

2. 产品生命周期分析

(1)产品生命周期的主要标志

(2)产品处于什么样的生命周期

(3)企业对产品生命周期的认知

3. 产品的品牌形象分析

(1)企业赋予产品的形象

企业对产品形象有无考虑

企业为产品设计的形象如何

企业为产品设计的形象有无不合理之处

企业是否将产品形象向消费者传达

(2)消费者对产品形象的认知

消费者认知的产品形象如何

消费者认知的形象与企业设定的形象是否符合

消费者对产品形象的预期如何

产品形象在消费者认知方面有无问题

4. 产品定位分析

(1)产品的预期定位

企业对产品定位有无设想

企业对产品定位的设想如何

企业对产品的定位有无不合理之处

企业是否将产品定位向消费者传达

(2)消费者对产品定位的认知

消费者认为的产品定位如何

消费认知的定位与企业设定的定位符合吗

消费者对产品定位的预期如何

产品定位在消费者认知方面有无问题

(3)产品定位的效果

产品的定位是否达到了预期的效果

产品定位在营销中是否有困难

5. 产品分析的总结

(1)产品特性

机会与威胁

优势与劣势

主要问题点

(2)产品的生命周期

机会与威胁

优势与劣势

主要问题点

(3)产品的形象

机会与威胁

优势与劣势

主要问题点

(4)产品定位

机会与威胁

优势与劣势

主要问题点

(5)产品定位

机会与威胁

优势与劣势

主要问题点

(四)竞争分析

1. 企业在竞争中的地位

市场占有率

消费者认识

企业自身的资源和目标

2. 企业的竞争对手

主要的竞争对手是谁

竞争对手的基本情况

竞争对手的优势与劣势

竞争对手的策略

3. 企业与竞争对手的比较

机会与威胁

优势与劣势

主要问题点

(五)企业与竞争对手的广告分析

1. 企业和竞争对手以往的广告活动概况

开展的时间

开展的目的

投入的费用

主要内容

2. 企业和竞争对手以往广告的营销策略

广告活动针对什么样的目标进行

营销策略的特征如何

有何合理之处

有何不合理之处

3. 企业和竞争对手以往的广告诉求策略

诉求对象是谁

诉求重点是什么

诉求方法如何

4. 企业和竞争对手以往的广告表现策略

广告主题如何,有何合理之处,有何不合理之处

广告创意如何,有何优势,有何不足

5. 企业和竞争对手以往的广告媒介策略

媒介组合如何,有何合理之处,有何不合理之处

广告发布的频率如何,有何优势,有何不足

6. 广告效果

广告在消费者认知方面有何效果

广告在改变消费者态度方面有何效果

广告在消费者行为方面有何效果

广告在直接促销方面有何效果

广告在其他方面有何效果

广告投入的效益如何

7. 总结

竞争对手在广告方面的优势

企业自身在广告方面的优势

企业在以后的广告中应该继续保持的内容

企业在以往的广告中突出的劣势

四、小结

一个完整的网络广告策划所包含的内容主要有环境分析、消费者分析、产品分析、竞争分析、广告分析这几个部分，而每一部分中又涉及诸多问题。在实际策划时，可以根据需要选择其中与产品和本次营销目标最相关的问题进行分析，没有必要做到面面俱到。如果有一些问题对于本次广告策划的意义不大就可以忽略，仅挑选关键问题进行分析。策划书的内容要做到重点突出，观点明确。广告策划要解决的核心问题是要对企业和产品有一个全面的了解和准确的定位，并对市场进行深入的研究，在此基础之上可以明确广告策略、广告诉求，并确定广告的创意方向和传播方式。下面是一份相对比较完整的网络广告策划书，它可以帮助大家理解策划书基本的撰写方式及策划书的主要内容。

案　例

"边折腾，边得瑟"

——小米手机品牌活动策划方案

一、项目背景概述

几年前在互联网上搜索"小米"，第一个搜索结果可能是一种农作物；而现在，第一个搜索结果都指向国产智能手机品牌——"小米"。

小米手机作为国产手机新秀，在这几年的发展过程中获得了骄人的成绩。但是现在小米手机面临着一个巨大的问题，出现了众多"米黑"对小米进行攻击，这是其他手机品牌从未出现过的，"米黑"对小米品牌造成了恶劣的影响，直接影响了小米品牌的声誉和小米手机的销量。为了解决这个问题，小组进行了此次策划。

二、市场环境分析

(一)"小米"产品分析

1. 产品定位："为发烧而生"。

小米手机是由小米公司研发的一款高性能发烧友智能手机。自 2011 年 8 月 16 日正式发布以来，它坚持"为发烧而生"的设计理念，以其"独树一帜"的特色，广受人们的欢迎。

2. 软件设备：小米手机配备双系统 Android 和 MIUI。

世界首款双核 1.5GHz 高品质、高性价比、具有自主研发操作系统的高端智能手机。小米自身研发的 MIUI 用户界面更符合国人使用习惯，还可兼用 Android 系统。

而 MIUI 作为小米手机自助研发的系统，其界面可自由设置。

3. 硬件配置：具备双核、大屏幕、大电池、信号强等特点。

4. 价格区间：价格低廉，产品性价比高。

5. 销售模式：小米采用线上销售模式，“饥饿营销”，开创国内电子产品先河。

6. 售后服务：小米手机拥有 29 家小米之家，基本覆盖全国各大省份，390 余家售后服务店，体系较为完备。

（二）竞争对手分析

1. 与高端机相比

（1）苹果

①苹果走高端、时尚路线，使小米在高端市场受到苹果的强烈冲击。

②从不同价格段的智能手机来看，小米的产品在数量上比不过苹果。

③从用户关注度、品牌竞争力来看，小米敌不过苹果。

（2）三星

①小米的直接对手三星 Galaxy Note II 内置了一款主频为 1.6GHz 的强劲四核处理器，并搭配了超大的 2GB RAM，完全超越了市场中主流的配置，绝对无可匹敌。

②三星 Galaxy Note II 还将采用最新的 Andriod 4.1 系统，增强了用户体验。

③三星 Galaxy Note II 屏幕非常大，但是依旧是符合人体功能学设计，更窄、更薄、更便携。

相对于高端手机而言，小米手机性价比高，平台开放，可以“折腾”。

2. 与中端手机相比

（1）HTC

①HTC 作为新兴的电子厂商崛起，所占市值份额大。

②HTC 拥有 Windows Mobile6 和 Windows Vista 双系统。

③HTCsence 的操作界面非常华丽，触控方面非常好。

（2）魅族

①魅族拥有自己的操作系统：FlymeOs——逻辑清晰，操作线程更短的用户交互系统。

②采用全球最精密的 32NM 制程及 HKMG 技术。

（3）华为

①华为品牌知晓度高。

②产品价格低。

③企业资金雄厚。

相对于中端手机而言，小米手机具有性能较好、平台开放的优势，可以“折腾”。

（三）消费者分析

“小米”手机的消费者可以被分为三个层次：

1. 重度发烧

这类消费群往往是技术宅，对手机开放平台和能够“折腾”的要求比较高。

2. 轻度发烧

这类消费群对小米感兴趣，但是并未产生黏着，可能只是被小米手机低价、性价比高等优势吸引过来。

3. 不发烧

这类消费群对小米不感冒，甚至有可能不知道小米是什么。

（四）SWOT 分析

1. 优势分析（S）

（1）小米刷机：OTA 升级，小米手机会在每周五开发版进行每周一次的例行更新，修复之前的 BUG，新增更多实用功能。

（2）性价比高：高配置、低价格。

（3）定位发烧友：市场定位明确。

（4）自身研发的 MIUI 界面，平台开放，经得起“折腾”。

（5）良好的售后保障政策。

（6）网上购买方式：线上售卖，节约成本，充分利用网购人的时尚追求。

（7）口碑营销做得到位。

2. 劣势分析（W）

（1）小米品牌还不够深入人心。

（2）消费者购买体验不强。

（3）硬件方面会出现些小问题，例如原装配件中无耳机。

（4）手机的自主开发产权不高。

3. 机遇分析（O）

（1）国内智能手机消费者需求量大。

（2）国内 3G、4G 市场的发展，未来移动终端的发展拥有极大的有利因素。

（3）国产手机市场的逐步拓展。

（4）竞争对手停滞不前——苹果，乔布斯的去世在一定程度上削弱了苹果公司的力量。

（5）工程师、程序员对小米手机的极力推崇。

4. 挑战分析(T)

(1)智能手机市场竞争的激烈。

(2)舆论的压力,“米黑”泛滥(米黑:对“黑”小米的人群的简称)。

(3)公司成立时间短,品牌效应低。

(4)饥饿营销带来的质疑。

三、任务与创意

(一)活动思路

(二)大创意(Big Idea)

小米本身所具有的经得起“折腾”的属性、小米受到“米黑”的攻击、“米粉”们发烧的特质,由以上三个点,我们可以看出,真正的“米粉”精神在于“折腾”。他们在“折腾”的过程中能够获得一些成就感,而这种成就感使得他们与众不同,形成“米粉”个性,甚至有一种“小得瑟”,通过他们对小米手机的喜爱与向外传播,去影响外围用户,让一些人也跟着“米粉”们一起“折腾”“得瑟”起来。

因此,小米提炼出来的大创意是:边折腾,边得瑟!

(三)营销目标

希望借助“边折腾,边得瑟”,让小米用户意识到,小米是不同于三星、HTC等竞争对手的品牌,它提供给用户一个“折腾”的平台。

1. 针对“低烧、不烧”用户

向其传达“不是手机玩你,而是你玩手机”的概念,鼓励他们“折腾”手机。

传递小米精神,使其向“米粉”转变。

2. 针对“高烧”用户

巩固小米精神,为外围用户树立“米粉”标杆。

同时增加其对小米的黏着度和忠诚度。

四、活动策划

针对目标受众的特点,我们制订了三个(包括线上、线下)活动方案。

线下主要针对的是包括“米粉”和程序员们在内的对小米手机黏着度高的消费者,线上活动主要是向外围用户展示小米的成果,以期扩大传播,深入影响那些外围用户。

(一)视频广告:《粉丝是怎样炼成的》(线上活动)

使用"会说话的 Tom 猫"录制视频,将视频投放线上网络,使之传播开来。

视频脚本:《粉丝是怎么炼成的》

粉丝在我国已经有千余年的历史,最早的文字记载出现于北魏《齐民要术》。当年,一说起粉丝大家就会联想起"就是粉条嘛"。龙口粉丝、蚂蚁上树、肥牛粉丝煲、蒜蓉粉丝蒸扇贝……

现在说起粉丝……

你怎么也不说清楚你是谁的粉丝啊?

伴随着电视节目"超女"的横空出世,其 Fans 团队日益壮大,他们称自己为"粉丝",Fans 作为舶来品就这样被"粉丝"这个词本土化了,"粉丝"就这样在本土扎根并茁壮成长。于是现在提到"粉丝"你就会想到玉米、细菌、仙后;庚饭、午饭、盒饭;河粉、凉粉、可可粉;当然还有海飞丝——杜海涛的粉丝,还有米粉——2011 年横空出世、无所不能、爱折腾、技术宅、为发烧而生的紧紧抱在一起的伟大的小米手机的粉丝团……

米粉,很好吃,啊呸——就知道吃!!

米粉,已经成为一种文化,作为小米手机粉丝团的爱称,米粉象征着年轻、有活力、爱技术、重实用。Of course 还有爱玩、爱折腾、生命不息、折腾不止! 我们的口号是"边折腾,边得瑟!"

我们是这样折腾的:

我们都有一个家,名字叫小米之家;兄弟姐妹都很多,聚在一起很欢乐!

小米又能玩飞机,小米又能玩跑车。小米可以拍月亮,小米可以照细胞。

小米可以来泡妞,小米可以抓小偷。小米可以来浇花,小米还可以喂狗。

小米可以起瓶盖,小米可以吹头发,小米可以照 B 超,小米可以喂宝宝。

小米可以洗澡澡,小米可以做饭饭。

……

哥们儿,想多了吧?!

小米作为新一代国产智能手机的领军人,会给你带来非一般的感受。做你所想,当然也包括折腾。

边折腾,边得瑟! 米粉就是这样炼成的!

(二)小米教你怎么折腾?(线上视频+线下活动)

其一,世贸天阶求爱篇(线上视频+线下活动)

- 活动地点:北京世贸天阶
- 活动时间:元旦(人流量大)

● 活动目的：旨在通过此次线下活动＋网络视频宣传，引起小米用户（尤指“米粉”）的注意，引发讨论，使他们产生主动挖掘小米手机功能的想法，为后期活动造势。

● 活动内容：

1. 小米在微博、论坛等 SNS 社交网站发布求婚运动信息，征集 10 位想求婚的男士。

2. 参加的男士按约定的时间，带着对象来到世贸天阶（共 10 对）。

3. 男士们同时拿出小米手机，指向世贸天阶，轻轻一按，世贸天阶大屏顿时亮起来，上面有男女主人公交往的照片，以及大大的“我爱你！嫁给我吧！”的字幕，朋友们再次起哄。

4. 此时，男主人公们按照设定的情节单膝下跪求婚，女主人公们答应。此时，一个人（工作人员）疑惑地大声问他的朋友们，他是拿什么东西把世贸天阶点亮的啊？朋友们回答，小米手机啊——希望现场的人对此进行口碑传播。

5. 全程跟拍，制作成网络视频（痴情男世贸天阶强劲求婚！为女孩儿点亮整条世贸天阶！但据说他竟然是拿小米手机控制的）进行二次传播。

其二，西单广场篇（线上视频＋线下活动）

● 活动地点：北京西单广场

● 活动时间：12 月 25 日圣诞节前后

● 活动目的：旨在通过此次线下活动＋网络视频宣传，引起小米用户（特指米粉）的注意，引发讨论，使他们产生主动挖掘小米手机功能的想法，为后期活动造势。

● 活动内容

1. 广场中间设置一个按钮，并加设指示牌告知人们“按下有惊喜”。

2. 当有人按下时，广场音响开始播放《检阅进行曲》，同时大中型遥控汽车和飞机等列阵出现在广场上，并随着音乐不断变换方阵和队形，使玩具模型组成一场“盛大”的节日游行。

3. 操纵着模型的小米工作人员慢慢出现，指挥着方阵穿过整个西单广场，这期间模型不断随着音乐变换花样。吸引沿途行人驻足观看，并拍摄他们的反应。

4. 最后，摆出“Merry Christmas”圣诞造型，为这次短暂的游行活动收尾。

5. 全程进行视频跟拍。在网络上投放该视频，题为“玩具模型的圣诞游行，你也能用小米操控出来”视频以及“路人表情”和“幕后花絮”，达到对小米的二次推广和传播目的。

其三，小米玩机秘籍（线上活动：暴走漫画教程）

● 针对消费者：“不烧”“低烧”的外围用户。

● 活动目的：借助时下流行的暴走漫画元素，制作多版好玩、有趣又实用的教程，在SNS网站进行传播。旨在激发外围用户的玩机乐趣，引导他们开始“折腾”，促使其向米粉转变。

（三）边折腾，边得瑟吧！

● 活动内容

（1）活动前一星期，将活动内容透露给米粉，征集有意向的米粉来参加。

活动成员构成：米粉＋小米程序员

（2）给米粉和程序员提供一个足够大的房子。通过一起完成手机新程序的开发，改造房间（如轻触小米，就能拉开窗帘；按照设定的时间，在起床前，通过程序控制，就能烧好热水），实现这所房子的高效化、可控化，功能完全看米粉的创新。

（3）在制作过程中，随从工作人员跟拍、记录，最后做成一个网络视频《得瑟吧——“小米之家”折腾记》，希望能与前面的视频形成对比。

（4）改造后的房间，将被作为新的小米之家——米粉集散地。

● 活动目的

通过前期视频宣传引起米粉们注意，促使他们积极参与后面的活动，引发米粉们深入挖掘小米手机的玩法，同时设计的房间可以作为“小米之家”，以后去小米之家的无论是真正的米粉，还是小米的用户，都可以享受“小米之家”的乐趣。

五、活动预期效果

(一)视频广告:《粉丝是怎样炼成的》(线上视频)

此活动旨在树立“米粉”的标杆形象,向第二、三圈消费者(即对小米手机轻度发烧、不发烧的用户)传播扩散。

(二)小米教你怎么折腾(线上视频+线下活动)。

此活动主要针对第二、三圈消费者(即对小米手机轻度发烧、不发烧的用户),揭示小米“玩”的内涵,旨在激发外围用户的玩机乐趣,引导他们开始“折腾”,促使其向米粉转变。

(三)边折腾,边得瑟吧!

此活动旨在从第一圈“米粉”辐射到第二、三圈(即对小米手机轻度发烧、不发烧的用户)。

六、媒介投放与排期表

媒介投放与排期表

活动	具体活动	使用媒介	12.21—12.27	12.28—1.3	1.4—1.10	1.11—
视频广告	《粉丝是怎样炼成的》	人人、微博等SNS网站;优酷土豆等视频门户网站				
小米教你怎么折腾	线下:引爆活动西单广场、世贸天阶	商圈POP海报张贴;SNS网站;优酷土豆等视频门户网站				
	线上:小米玩机秘籍(暴走漫画)	SNS网站(人人、微博等)、小米论坛进行传播				
边折腾,边得瑟吧	线下:改造“小米之家”	前期小米论坛米粉征集				
	线上:全程跟拍视频	SNS网站+视频门户网站+小米论坛				

七、预算

预　　算

活动	具体活动	使用媒介/方式	媒介上活动	价钱
视频广告	《粉丝是怎么炼成的》	人人	《粉丝是怎么炼成的》《改造小米之家》、西单/世贸天阶活动视频	无
		小米官方微博	《粉丝是怎么炼成的》《改造小米之家》、西单/世贸天阶活动视频	无
		优酷土豆	《粉丝是怎么炼成的》《改造小米之家》、西单/世贸天阶活动视频	无
小米教你怎么折腾	线下:引爆活动	世贸天阶视频租赁费	线下引爆活动	1万元
	线上:小米玩机秘籍(暴走漫画)	暴走漫画制作费	暴走漫画(小米玩机秘籍)	1000元
边折腾,边得瑟	线下:改造"小米之家"	改造费用	改造小米之家	10万元
	线上:全程跟拍视频,并投放到优酷土豆网站上	视频制造	"改造小米之家"视频、西单/世贸天阶活动视频	5000元
				总价:11.6万元

思考题

1. 简述网络广告策划的主要内容。
2. 网络广告策划过程中要遵循哪些原则?
3. SWOT分析法的含义是什么?它在网络广告策划中具有什么意义?

第四章　网络广告设计

本章要点

1. 认识网络广告的创意原则
2. 了解创意生成的步骤
3. 掌握广告创意的思维方法

第一节　网络广告创意

一、关于创意

创意并不是只属于广告领域，创意存在于生活、艺术、产品设计、社会和经济之中。创意起源于人类的创造力、技能和才华，创意来源于社会又指导着社会发展。创意是一种对传统的挑战，是一种打破常规的意识，是灵光一闪，也是苦思冥想，是感性的也是理性的。创意是一种创造性的想法，正因为创意的出现才产生了无数新颖的事物，使我们的物质生活和精神生活更加精彩。

在艺术史上，塞尚打破了古典艺术的规则，他更多地表现画家对客观事物的主观感受，体现出更鲜明的艺术个性。他将事物用几何形去概括，塑造出强烈的重量感和体积感。这种创新的艺术风格也影响到后来的立体主义，他创造了一个艺术的新世界，所以塞尚也被称作是现代艺术之父。在现代艺术的发展史中，我们可以看到许多具有创意的伟大艺术家，他们不断地打破传统，推翻旧的理论，建立新的规则。因为他们的存在，成就了绚烂的现代艺术史，让人们看到风格多样的艺术作品。

在当代，我们熟悉的苹果公司的产品一经推出就能引起消费者的追捧，在乔布斯时代的苹果公司总是能够跳出人们对于电子产品思维模式上的定势，也在引导消费者走出自己的思维限制，让消费者在使用产品时能够发出惊叹："原来它可以这样！"在1997年时，乔布斯重回苹果公司并担任CEO，同年推出了著名的*Think Different*电视广告，在广告中出现了多个历史人物形象，有爱因斯坦、鲍勃·迪伦、马丁·路德金、理查德·布兰森、约翰·列侬及小野洋子、富勒、爱迪生、阿里、特德·特纳、甘地、希区柯克、毕加索……广告的旁白非常清晰地体现出苹果公司的核心价值观"Think Different"——"谨献给那些狂人们。他们特立独行，他们桀骜不驯，他们惹是生非。他们是一群格格不入的人。他们看待这个世界的方式与众不同。他们讨厌循规蹈矩。他们也绝不安于现状。你可以支持他们，质疑他们，颂扬他们或诋毁他们，但你唯独无法忽视他们的存在。因为他们改变了许多事物，他们推动人类前进。尽管他们是别人眼中的疯子，却是我们眼中的天才。正是那些疯狂到以为自己可以改变世界的人，才能真正改变世界。"这是苹果公司的经典广告，它明确地提出了苹果公司的精神，正因为有这样鲜明的企业精神，正是由于乔布斯的创意与坚持，苹果公司才掀起了一次又一次的产品革命（如图4-1）。

图4-1　苹果*Think Different*广告截图

也许你会提出疑问：创意能够学习吗？是否可以复制呢？答案也许会令你失望，如果能够复制的创意就不能称为创意了。但是我们可以从中总结出一些创新的理念和原则，再加上足够的自信，通过多想、多经历，去找寻新的视角，这样也许就会发生一些改变。创意并不是属于少数人的，每个人都有自己的创意，也许是一个小点子，也许不足以改变世界，但是至少也能够解决一个小问题。所以我们要把这种精神保留下来，至少能让自己做得更好一些。

二、什么是网络广告创意

"创意"一词与广告的产生和发展有着密切的联系，由于广告的特性使得"创意"变得尤为重要。大卫・奥格威在谈到广告创意时强调:除非你的广告具有好创意,否则他就像黑夜中驶过汪洋的船只,无人知晓。可以说“创意”赋予了广告生命和活力,创意使广告信息具有感染力,引起消费者的注意,进而影响消费者产生购买行为。

广告创意是一种创新的思维方式,而网络广告创意则是利用互联网作为传播媒介,根据网络的特征把广告客户所要表达的信息通过艺术化的处理方式,转化为使消费者易于接受的一种表达技术。网络广告是一种新的广告类型,它具有互动性、精准性、多样性、及时性的特点。网络广告创意的形式与网络营销方式及网络传播模式的创新紧密联系。

随着互联网技术的发展,网络广告的表现形式发生了天翻地覆的变化,从早期的文字广告、图片广告、旗帜广告演变成为丰富多彩的视频广告、融合 3D 技术的虚拟现实广告、搜索引擎广告等。近年来,以移动通讯设备为载体的网络广告也有了新的发展,为网络广告创意提供了更广阔的空间。但是无论广告创意如何发展变化,它始终要围绕着传播广告信息展开,强调创造性的思维,将新颖独特的视觉表现为语言,建立产品与受众的有效沟通(如图 4-2)。

图 4-2　“京东网上商城”弹出式视频广告

三、网络广告创意的基础

在确定广告创意之前,广告人应该明确广告创意的基础,把创意之前的工作做好,才能使创意顺利地实现。我们要了解在广告活动当中,广告主的根本目的是要通过有效的宣传来促进产品的销售。在网络广告的实施过程中,重要的目的是要找到企业或产品的关键问题,并通过广告妥善地解决。广告的基本功能就是传递信息,在传递信息的过程中,广告必须针对关键问题及消费者的关注点,使企业的广告宣传活动获得最佳的经济利益。下面我们来具体说明进行网络广告创意之前的几个重要问题。

首先，要确定主题。为某一产品或服务制作网络广告，必须要清楚广告需要传达什么内容，了解企业的意图和要求，把握产品的特点。在网络广告创意设计过程中利用图片、图形、字体、色彩等视觉元素突出产品的诉求，准确地传达信息。

所有的精妙构思都是为展现产品信息服务的，不能为了突出广告的形式感而忽略了所要传达信息的清晰性。比如有一些广告创意采用抽象的图像或极少的文字制造画面的视觉美感，这样也许能体现广告画面的艺术效果，但却不能保证广告信息的有效传播。广告信息有可能让观众误读或是不理解。

其次，明确诉求对象。网络广告创意要以消费者作为创意发展的中心，网络广告有别于其他媒体投放的广告。在传统媒体中广告是灌输性的传播方式，但是在网络媒体中受众的细分和选择的复杂性，为广告信息的传播带来很多挑战。准确定位产品的诉求对象对广告的传播有着重要意义。虽然通常我们认为网络用户大部分是年轻的、受教育程度较高的人群，但是随着网络的发展、终端设备的丰富，接触网络的人群更加多样化，甚至是全民性的。所以网络媒体与其他媒体一样，要面对的是多样化的群体。创意人要对产品有深入的了解，并明确相应的诉求对象。针对诉求对象的需求和喜好产生广告创意对受众更有说服力。

最后，确立概念。在明确了产品的基本信息和网络广告目标之后，创作者需要进一步提出网络广告的核心概念，也就是设定广告的焦点和目标。为广告创意确立一个基调，并且明确此次广告活动要解决的核心问题。我们可以用提问的方式来聚焦问题，避免在创意产生的过程中跑题。提问的方式通常可以设定为固定的句式，比如“我们如何才能实现……”或“如何以……的方式（风格）帮助……实现……”。概念的提出就是广告战略的凝练，优秀的概念应该是内涵小、外延大。也就是说概念应该是非常简练的，但是其包含的信息是丰富的，并且这个概念可以延伸出大量的创意，不会限制思维，而会促进创意的产生，提供给创意更广阔的空间。

四、网络广告创意的原则

（一）视觉冲击力

从视觉表现的角度来看，广告的表现方式多种多样，以网络广告为例，图片摄影是最常用的视觉表现手段，精美的图片在网站上总能吸引观众的眼球。除此之外，动画等富媒体广告在网络上的传播效果也是非常不错的，动态的效果常常能引起人们的注意。广告在网页中所占的幅面大小，也成为能否吸引人的关键要素。在令人眼花缭乱的广告中，想要脱颖而出，必须要把提升视觉张力放在首位。例如网页上的旗帜广告常常会将重点信息的文字放大，尤其是“打折”“优惠”信息，以这种方式吸引消费者的关注。

（二）新奇独特

受众对于创意雷同的广告作品缺乏好感，创意雷同的广告总会让受众分不清楚品牌，造成视觉上的麻木和厌倦，从而无法辨认品牌和产品之间的差异。相似的广告不能达到传播信息的效果。而新奇、独特是引人注目的关键所在，也是网络广告创意过程中不可忽视的准则。除了视觉上的冲击以外，网络广告常用有感染力的标题和文案来吸引观众，有趣的语言和适当夸张的表达方式也会引起人们的兴趣。而新颖的传播手段、交互方式和媒体应用也会为受众带来全新的体验。这些方向都可以发展出精彩的网络广告创意，并且会激发受众进行二次传播，实现广告的传播效果。例如一些广告信息以 H5 小游戏的形式在微信中传播，这些游戏简单、容易上手，用户在玩过后觉得有趣就会直接分享到朋友圈。很多企业或产品都通过这种形式，大大提高了知名度和曝光率。

（三）以情动人

让人印象深刻的广告往往是以情动人的，也就是通过广告情节和内容调动起受众的情绪，这种情绪可能是感动，也可能是悲伤；可能是兴奋，也可能是恐惧；可能是喜悦，也可能是惭愧。优秀的广告创意会刺激人内心的情感，唤起观众的共鸣，引起受众丰富的联想。从这个意义上讲，一则优秀的广告也是一件艺术品，它具有诗性的美，它的形式、结构、节奏韵律、表现手法、意境体现都可以唤起观众的好感，这种好感取得的关注度远远高于广告中所表现出来的信息，也就是说广告所表达出来的内容远远不及观众自己想象出来的内容丰富。

腾讯在 2011 年除夕推出了 12 周年品牌广告《弹指间心无间》，用一种朴实的语言传递出最真挚的感情。除了表现“真情”这个主题，广告也添入了“12 年相伴”这个要素。这条温情的广告特意安排在央视春晚开播前，当全家人一起看到这样一则广告时，无疑会产生强烈的共鸣。

广告开篇是儿子在家不耐烦地应对妈妈的啰唆，直到儿子独自出国留学后，妈妈开始努力学习用 QQ 与儿子联系，儿子在国外体会到了生活的不容易，逐渐也感受到了妈妈的“唠叨”是多么可贵，直到多年之后他学成后参加工作，与妈妈用 QQ 交流已经成为一种习惯并传递着母子之间的爱。广告充分表现了父母与孩子之间细腻的情感，当看到妈妈戴着老花镜艰难地学习拼音打字时，当看到儿子手受伤后与妈妈在视频中强装欢笑时，很多观众都被深深感动了。单纯的画面、朴实对话却将最感性的一面传达给了观众，这样的广告效果远远大于一句口号（如图 4-3）。

图 4-3　腾讯品牌广告

2012 年腾讯 QQ 会员的品牌形象广告在网络上投放，受到了很多年轻网友的喜爱。广告将焦点瞄准在八〇、九〇后的年轻人身上，用一种欢乐、夸张的语气形象地描述了他们的心理和生活状态。这则广告用手指戏的表现方法、“咆哮”与“原地复活”的情节分别表现了“九五后高中生的考学煎熬”“九〇后大学生的情场煎熬”“八〇后的职场煎熬”和“八五后的入不敷出”四个人物的生活片段。滑稽的人物形象再加上夸张搞笑的配音，全面展现了当代年轻人面对生活中的窘迫与压力时也不失积极乐观的心态，由此点出“QQ 会员”的品牌形象——“给生活找点乐”（如图 4-4）。广告中设计的故事片段贴近年轻人的生活，容易引发观众的情

图 4-4　QQ 会员品牌形象广告

感共鸣。除此以外，广告的表现手法轻松活泼，并带有很多网络流行元素，对白幽默诙谐，品牌形象非常清晰，这些因素都使得这则广告容易让年轻群体接受。

（四）即时性

网络是一个虚拟的空间，同时也具有现实性，网络上的信息具有实时性，热点话题也是来得快去得快，网络广告也具有这样的特点。广告信息紧随网络热点话题展开，借用网络上的热点事件开展营销活动，或者是广告创意紧随网络潮流。

我们以 2012 年伦敦奥运会这个大事件为例，看看在比赛期间有哪些网络广告突出了“即时”这一原则。2012 年伦敦奥运会在 7 月 27 日开幕（北京时间 7 月 28 日），27 日下午 NIKE 在官方微博上正式启动“活出你的伟大”系列活动。在接下来的一段时间里，观众不仅在电视上看到 NIKE 的“活出你的伟大”系列电视广告，也在其微博上看到了许多精彩的网络广告。这些网络广告以图片搭配绝妙的文案即时地对应着奥运赛场上发生的大事件。7 月 28 日，李娜女网单打首轮出局之后，NIKE 微博马上作出响应，发出了第一幅平面广告（如图4-5），微博内容为“不需要庆典，不需要致辞，不需要永远站在成功的聚光灯下。你的拼搏足以让你配上伟大一词＃活出伟大＃”。在此之后的比赛中，NIKE 微博都会在第一时间用类似形式的广告来回应赛场上的大事件。NIKE 这一次的营销活动让网友大呼过瘾，人们不仅看到了 NIKE 对赛场上事件的态度和评论，更感受到了伟大的运动精神。

图 4-5　NIKE 奥运赛事广告

除了 NIKE 以外，还有一些品牌也借助奥运会这个契机做了许多“即时的”营销活动。比如 MINI 中国在 2012 年 8 月 7 日刘翔男子 110 米栏预赛中摔倒后，MINI 在官方微博上发布了一幅平面广告“完成我的路，无论姿势与结果”，微博内容为“卸下所有期盼，不必再做偶像或不死英雄。完成我的路，无论姿势与结果”（如图 4-6）。尊尼获加为 2012 年伦敦残奥会发布了以“信念”为主题的平面广告（如图 4-7）。广告主要以文案为主，其中一些文字虽然缺失一些部分，却不影响阅读。创意以这种表现形式传达出残奥会运动员身体上的一些“缺失”，但这并不会成为他们实现梦想的障碍。这个广告活动也是以数字及社交媒体的方式在网络上投放传播。

图 4-6　MINI 奥运广告

图 4-7　尊尼获加平面广告

在《舌尖上的中国Ⅱ》开播后，一夜之间“舌尖上”再次成为网络上的流行语，很多销售食品的网站都希望借用《舌尖上的中国Ⅱ》的热度来促销商品（如图 4-8）。“大众点评网”专门开设了“舌尖”专区，根据《舌尖上的中国Ⅱ》介绍的美食来推荐能吃到这款菜肴的餐厅（如图4-9）。

图 4-8　京东商城首页旗帜广告

图 4-9　大众点评网页面广告

（五）互动性

“互动”指双方的相互作用和相互影响，互动性是网络广告最突出的特点。在互联网中，受众不再是被动地接受信息，受众不但可以选择信息，还可以控制信息。网络广告不再是单纯的信息发布与接受，浏览者也可以参与其中，直接反馈广告效果。网络广告中的“互动”可以增加广告的趣味性，使广告更像是一个游戏，在用户一步步的操作中了解广告要传达的信息，这样的传播效果往往要比直白的图片广告效果好。

2014 年巴西世界杯期间，腾讯网首页设计了一个主题宣传广告，用户扫描二维码即可进入游戏界面（如图 4-10）。

图 4-10　腾讯世界杯广告

第二节　创意生成的步骤

关于创意的生成过程，有些人认为是灵感的体现，是突然顿悟的体验，没有灵感就没有创意。创意是要经过长期的积累而生成的，创意是知觉和知识重新组织的过程，从模糊不定、无组织的状态到有意义、有组织的状态。创意的生成有一定的规律和步骤可循。美国著名广告大师詹姆斯·韦伯·杨在其著作《创意的生成》一书中提到创意的五个步骤，即吸收素材、开动大脑、思维酝酿、创意诞生、修正实施。詹姆斯的创意方法得到广告界的极大认可，他强调创意不仅是靠灵感而产生的，也是通过思考而获得的结果。除此之外，广告界还有多种关于创意产生的理论，例如广告学家奥斯伯恩提出创意形成要经过三个步骤：查询资料、创意构成、导优求解。香港的广告学者黄沾先生提出的创意程序为"藏"：收藏资料；"运"：运算资料；"化"：消化资料；"生"：产生广告创意。

我们基于詹姆斯提出的创意生成方法详细说明创意产生的过程。

一、收集素材

一位优秀的有创造力的广告人，几乎对生活中的所有事情都感兴趣，并且广泛涉猎各个学科的知识。这里的收集素材不仅仅是针对某一个广告项目的资料收集，更包括个人在各个方面的知识积累。

詹姆斯将素材分为“特殊素材”和“一般素材”，特殊素材是指与目标直接相关的信息，就是与广告目标或问题本身紧密联系的信息，例如那些与产品、消费者、市场有关的资料。了解产品的功能、掌握产品的优点和缺点；了解消费者，他们是什么职业、什么年龄、有什么习惯；了解产品的竞争对手有哪些，这些信息都可以让创意者全面了解产品，帮助他们提出新的创意。

一般素材是指与目标关系较远的信息，这些信息也许和目标本身没有直接关联，但是它们也许会间接地影响创意生成，或者成为创意生成的基础。一般素材来自于创意者日常生活中多元的信息积累，这些信息也许是创意者平常的知识储备，也许是对事物的观察、体会和感受。比如可以了解当下的流行趋势，网络上有什么流行语、流行色；年轻人喜欢看什么电视节目；社会经济情况是怎样的……这些问题可能与广告创意本身的联系不是十分紧密，但是这些信息均可能成为创意产生的基础和必要条件。所以要想生成优秀的创意，平常就要对身边的事物多留心、多观察、多体会。有意无意的信息积累都可能对创意的生成产生作用，创意常常来自于生活，生活中的方方面面都充满着创意的元素，没有什么事情是不新鲜的。

二、分析资料

洞悉事物之间的关联是生成创意的关键，詹姆斯提出“创意是旧元素的新组合”，分析所掌握的资料就是在寻找旧元素的组合方式。创意人对收集到的全部资料进行分析整理，寻找信息之间的相互关系，主要目的是要找到广告的主要诉求和目标受众。这是一个比较理性的思维过程，深入地研究、剖析你所掌握的信息，从中探寻问题的本质。创意的过程就是思维的过程，在这个过程中有时需要感性思维，有时需要理性思维，有时需要发散思维，有时需要逻辑思维；在分析资料的过程中，将你在收集资料时的发散式思维逐渐收拢，重新聚焦在重要的几个问题之上。建立一个严密的、具有条理的分析模型，将问题逐渐具体化。

在这个过程中我们可以利用一些分析方法，例如，“情绪板”的应用。这种方法是设计领域中常用的一种分析技巧，它遵循视觉化原则，将调查研究产生的关键线索用图像的方式体现出来，然后再用于设计工作中，这样可以形成具体形象并且更加准确的设计元素，有助于创意的顺利产生。当创意者收集到资料后，便可以着手制作“情绪板”。具体的方法是：将前期收集的资料、访谈记录等进行梳理、分类、研究，并凝练为几个关键的问题或关键词，再用具有代表性的图片或绘图进行编辑和拼贴。情绪板与设计师的看板有相似之处，可以像设计师一样将色彩、材质、一些产品的样本集合起来展示，用来传达或者建构设计系统。视觉化的呈现让信息更直观、易于理解，也让广告的创意思路变得越来越清晰。

经过对资料的分析整理，明确广告以谁为目标对象和广告要表现的核心内容。这些问题是非常具体的，比如广告的受众是大学生，还是家庭主妇？或是出租车司机？以及广告要宣传什么？明确产品的诉求点和卖点，比如突出产品的外形设计，轻便的特点，还是突出其新颖的功能设计？产品应该具有怎样的风格？它给人什么样的感受？类似具体的问题都应在这个步骤中给出答案。

三、酝酿组合

在这一阶段，创意者必须开动大脑，把之前所得到的信息认真细致地揣摩一遍。可以选取某一个元素，从不同的角度去观察它，用不同的思路去理解它；也可以将两个不同的元素组织在一起，尝试找到它们之间的关系。找寻事物之间的关联性，有助于广告创意的产生，通过仔细挖掘事物之间的联系，常常能够发现其间的微妙关系。比如从上一个步骤中，我们采用了情绪板的方法，会产生一些图像元素，那么现在我们就利用这些视觉化的元素进行创意。这些图像可能是抽象的，或者与产品本身没有直接的联系，但是一定有它存在的意义，创意者需要置身于这些信息中，为它们建立一些联系。例如三星洗衣机的网络视频广告创意：一个广告摄制组在雪地中放置了一台洗衣机，这时一只棕熊从远处走来，看周围没有人便把自己的皮毛脱下来放在洗衣机里清洗，在这个过程中熊弹吉他、看报纸、玩得非常惬意，过了一会儿它将洗干净的皮毛穿在身上的时候，人们惊奇地发现原来它是一只雪白的北极熊，只因原来的皮毛太脏了，看起来是只棕熊（如图 4-11）。这则广告创意非常有趣，结果出人意料，让人忍俊不禁。其实在这个广告创意中的两个创意元素：洗衣机和熊并没有直接的联系，通常洗衣机让人想到的是家庭主妇和孩子，但是通过创意者的大胆想象为这个产品构建了一个幽默的故事。

图 4-11　三星洗衣机网络视频广告

所以，当创意者经历这个创意步骤的过程中，也许会出现一些不成熟的、碎片化的创意，它们可能还有些模糊，还有些不确定，但是这些创意也许非常有趣、也许非常疯狂，我们要做的就是将它们都记录下来，可以用文字的形式，当然最好是以视觉化的方式记录你的创意。

四、产生创意

在这一阶段，创意者对头脑当中那些碎片化的、还不完整的想法，作出进一步的推敲，努力将脑子当中的想法设计为一个切实有效的，有利于产品信息传播，有利于市场营销的创意。创意者要考虑到广告传播的媒介，具体利用哪个媒体进行传播，并针对媒体的特点或者内容进行有效的创意开发。对于不同的媒体、不同的受众人群，都有相应的创意方法和创意技巧。所以，在这一步骤中，要考虑到以何种广告形式来推广产品，借用哪种媒体来投放广告。这也许是创意过程中非常艰苦的一个阶段。因为在这个阶段，不仅需要新颖独特的想法，也需要切合实际地考虑广告传播的渠道和方式，这是感性思维与理性思维结合的一个关键步骤（如图 4-12、图 4-13）。

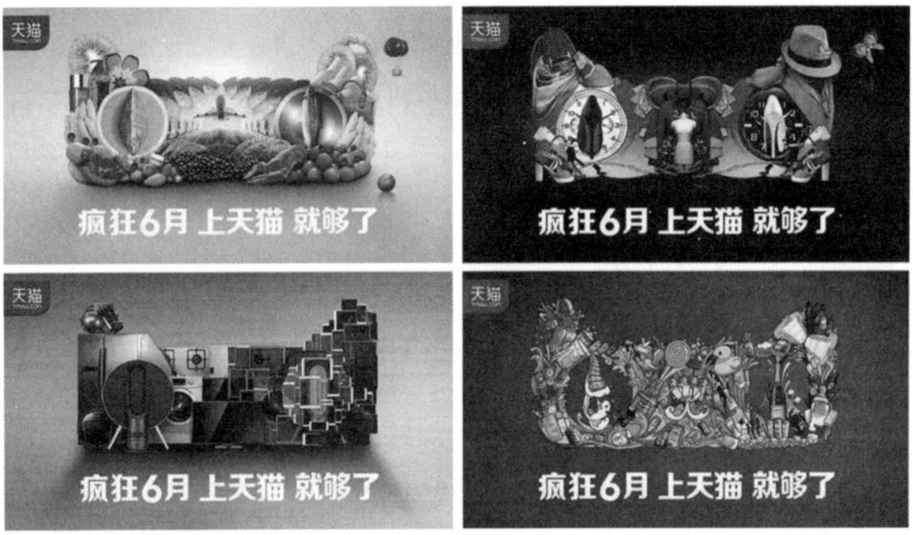

图 4-12　天猫年中大促网页平面广告

图 4-13　天猫年中大促网页 GIF 广告

五、修正实施

在最后一个步骤中，要对之前形成的创意进一步作出修正，让广告创意做到切实有效。广告要实现有效，需要满足各个方面的条件，这就需要创意者不断思考、不断修改、不断创作，只有这样才能让广告创意展现出完美的效果。

但是，常常有一些原本非常好的创意，在这一步骤中没有得到正确的对待，而最终以失败告终。创意者有的时候像一个概念提出者，有精彩的想法，却没有耐心和毅力对创意进行完善，或者因为带有武断的情绪，没有听取他人的意见，不愿意完成广告创意反复修改的过程。但是如果想让一个成功的广告创意诞生，那么反复的修改工作是必不可少的一个重要环节。

我们用图 4-14 来解析创意的过程。创意过程主要分为如下三个主要阶段：

第一阶段，是创意的准备期。在这个阶段中创意者要了解广告要传达的信息，广告主的目的，以及与创意、与产品相关的必要信息。除此以外，创意者还要广泛地去收集资料，在收集资料的过程中，不仅要去收集书面的资料、图像的资料，也要应用包括观察、访谈、讨论等这些相关的调研方法。这就像画家在作画之前要思考作画的主题、构图和要使用的工具。这一阶段的工作是在为创意的产生打基础。

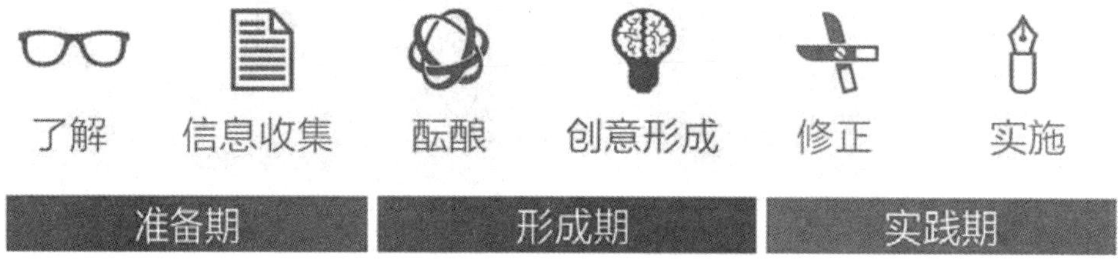

图 4-14 创意的过程

第二个阶段，是创意的形成期。在这个阶段，创意者需要全力地去调动大脑的思考能力和想象能力，让大脑快速“运动”起来。创意者要对之前所收集到的资料和信息进行分析、整理、研究、归纳；并且还需要创意者根据自己平时对生活的观察和体会，发挥自己的想象力，围绕着产品去创造有创意的点子。在这个阶段，当创意者进行资料和信息的整理时主要依靠创意者的理性思维，从逻辑上，要明确问题，找到创意的立足点。在想点子的过程中，主要依靠创意者的艺术思维、发散性思维，创意者要使自己的精神放松下来，摆脱思维中的束缚，要自由、大胆地去想创意，哪怕是一些不切实际或滑稽搞笑的想法。

第三个阶段，是创意的实践期。将创意放置在广告战略和市场的环境中，综合衡量广告创意的传播方式、表现形式等方面，继而确定创意的可行性与实效性。如果出现问题或缺陷，就要及时进行修改和完善，最终完成创意的实施。

第三节　广告创意的思维方式

思维是人脑借助于语言对客观事物的概括和间接的反映过程，思维以感知为基础又超越感知的界限。它探索与发现事物的内部本质联系和规律性，是认识过程的高级阶段。[①] 思维是人脑的机能和产物，是人类在劳动和语言交往的社会实践中产生和发展起来的。它是以语言、符号和形象为载体，概括地反映事物本质和规律性的复杂的生理与心理活动。人类的思维非常复杂，除了逻辑思维之外，人类还具有形象思维、对比思维、求异思维等多种思维形式。在广告创意中广告人还具有一种独特的创意思维，多种独特的思维方式和方法帮助广告人实现创意。

一、思维的类型

(一)具象思维与抽象思维

具象思维也可以叫做形象思维，是艺术家在创作过程中常见的一种思维活动。它是艺术家通过自身的想象力，利用存储在大脑里的形象信息进行加工，从而将认识上的内容进行形象化的概括。在广告创意中，创意者常常需要将一种看不见、摸不到的感受或者体验，以形象化、具体化的方式传递给受众。在这个过程中，具象思维或者说形象思维是经常用到的一种思维方式。

抽象思维是指人的大脑通过对客观事物的比较分析、综合和概括等思维活动，舍弃客观事物中表面的、非本质的、偶然的属性，将隐藏在客观事物中内在的、本质的、共性的、必然的属性提取出来，并用概念、范畴和规律等形式固定下来，以反映事物的本质特征和内在规律。具象思维与抽象思维在广告创意的过程中是一组相互依赖的概念。

(二)聚合思维和发散思维

聚合思维又称“收敛思维”“求同思维”，是指从已知信息中产生逻辑结论，从现成资料中寻求一种有方向、有条理的思维方式。聚合思维法是把分散的想法聚集成一个焦点的方法。它是一种有方向、有范围、有条理的收敛性思维方式，与发散思维相对应。聚合思维也是从

---

① 刘颖、苏巧玲:《医学心理学》，中国华侨出版社 1997 年版，第 27 页。

不同来源、不同材料、不同层次探求出一个正确答案的思维方法。因此，聚合思维对于从众多可能性的结果中迅速作出判断，得出结论是最重要的。

发散思维又称“辐射思维”“放射思维”“多向思维”“扩散思维”或“求异思维”，是指从一个目标出发，沿着各种不同的途径去思考，探求多种答案的思维。在广告创意的过程中，常常需要利用发散思维来展现产品和品牌的个性。抓住一个关键要素，以此作为创意的核心，与此相关的词、事物都可以被提出。例如，当你在思考一则运动鞋广告时，就可以用发散思维来打开思维的空间，考虑运动鞋除了在运动的时候穿还可以做什么，它可以作为交通工具吗？它能成为食物吗？它能够变成通讯工具吗？可以作为武器吗？由此大胆地设想运动鞋给你带来的一切创意。发散思维的应用需要创意者的大胆思考，不断探索思维的可能性，天才广告大师乔治·路易斯在著作《蔚蓝诡计》中谈到做广告的态度时，他强调要“大胆”一些，他说：“有想法、有创意的作品，事实上，永远都是不合常规、突破传统的。”

(三)顺向思维与逆向思维

顺向思维是指常规的、有逻辑性的、有规律的一种思维方法。它是人们按着传统的、从上到下、从小到大、从低到高的常规序列方法进行思考。比如对于一款果汁产品，可以从果汁想到新鲜的水果、想到果汁的香甜可口、想到果汁的纯粹。

逆向思维是指从常规思维的反向去思考问题，在广告创意思维中逆向思维的应用常会为我们带来与众不同的创意点。逆向思维可以从事物性质的对立点、关系上的对立点来进行思考，比如质地上的坚硬与柔软，位置上的上与下、高与低、远与近，情感上的爱与恨。不论哪一种方式都是从一个方面想到与之对立的另一个方面，这些点都可以成为逆向思维的创意。2013 年的双十一，三大网络女装品牌裂帛、茵曼和阿卡联袂推出了系列广告，在其他品牌宣扬“脱离光棍”的时候，这一系列广告却采用逆向思维创造了“光复单身”的主题。反潮流、反常规的概念，充满正能量的文案，画面中美丽的风景、自由的青春、自信的态度，引起了受众的关注，并成功地吸引了大量网店新客(如图 4-15)。

图 4-15 女装品牌网络广告

（四）垂直思维与水平思维

垂直思维法和水平思维法这两个概念都是由心理学家爱德华·德·波诺博士在管理心理学研究中提出的。垂直思维法也称纵向思维法，是指传统逻辑上的思维方法，它按照一定的思维路线进行思考，即在一定的范围内向上或向下进行纵向思考。垂直思维最根本的特点是根据前提一步步地推导，既不能逾越，也不能出现步骤上的错误。

水平思维法也叫横向思维法，是指创意思维的多维性和发散性。水平思维能够帮助创意者产生新想法，它没有固定的模式，它是不确定的、跳跃式的。

二、几种常用的广告创意思维方式

（一）头脑风暴法

头脑风暴法（Brain Storming）是最为人所熟悉的创意思维策略，该方法是由美国人亚历克斯·奥斯本（Alex Osborn）在1948年出版的《你的创造力》一书中提出的。头脑风暴作为一种创意的方法，可以促进团队的创造力，互相激发思考，鼓励参加者在指定时间内，构想出大量的意念，并从中引发新颖的构思。同时，头脑风暴的方法也适用于个人思考问题和探索解决问题时，运用此法激发思考。

运用头脑风暴时应注意的规则：(1)不要轻易判断和否定：当觉得他人讲的内容或提的创意与你的意见不一致时，请不要立即予以判断或批评，给对方机会让他讲完；(2)不局限思考的空间：不要预先设定条件或给出方向性的诱导，让参与者尽情发挥创意；(3)数量比质量重要：这是头脑风暴方法中很重要的一个准则，鼓励参与者尽可能多提想法，打开思路，想到什么都可以，在这个环节中要保证创意的数量；(4)借鉴他人的观点并加以发展：也许其他参与者会提出你认为有趣的点子，不必刻意绕开它去想其他方向，你可以尝试完善这个点子，让它变得更完美；(5)鼓励新奇的想法：也许有些想法是天马行空不切实际的，但是不要担心，越新奇的想法越应该得到大家的重视，因为创新也许就从这里诞生。以上这些规则能够为头脑风暴参与者营造出一个平等、开放、积极的创作氛围，参与者不会受到干扰，可以随意地表达创意理念。

头脑风暴法在进行的过程中主要分为准备、热身、实施、整理几个步骤。在运用头脑风暴法时，首先，需要选择一位主持人，主持人熟悉头脑风暴的基本方法和流程，具有组织能力，对要解决的问题有清晰的了解，能够启发参与者积极提出创意，并能够保证头脑风暴有序进行。其次，参与头脑风暴的人员一般为5—8人，参与者最好具有不同的学科背景，这样能够对问题解决提供不同领域的知识互补，又能激发参与者来自不同角度的思维碰撞。确定主持人和参与者后，就基本完成了准备工作。“热身”的环节则是在进行头脑风暴之前完成，与其说“热身”不如说是“热脑”，与体育运动前的热身相似，这个环节可以让参与者更快地进入状态，使大脑趋向兴奋活跃的思维状态。“热身”的活动需要几分钟就可以完成，例如可以做个有趣的小游戏，说几个脑筋急转弯，也可以播放一个与话题有关的短片。最后，在实施头脑风暴的阶段，要让参与者聚焦问题，对要解决的问题有清晰的了解，比如：产品的特征、功能特点、目标消费者、竞品分析等。在了解这些基本信息后，参与者正式开始头脑风暴。在思维的激烈碰撞之后，参与者对所有的创意进行评估和分析，主持人对大家普遍认可的创意进行确认，并安排进行具体创作。

（二）形象思维法

形象思维法是对于形象元素进行思考，这种思维方式在广告创意过程中是比较常用的。网络广告创意多是用视觉来表现创意的。那么根据视觉和形象进行创意是最直接、有效的一种方式。想象和联想是形象思维法中常用的两种创意思维方式。

1. 联想

联想是由一个事物想到另一个事物的心理过程，具有相似性或是具有对比性的事物之间，最容易引发关联性的想象。万事万物都可以通过一定的方式联系在一起。联想与记忆密切相关：人的许多记忆片段常常是通过联想进行衔接和转换的，而联想也可以成为人提高记忆能力的一种方法。美学家王朝闻曾指出：“联想和想象当然与印象或记忆有关，没有印象和记忆，联想或想象都是无源之水、无本之木。但很明显，联想和想象，都不是印象或记忆的如实复现。”实际上，“联想”一词代表了两种力的合成：若“想”代表记忆力，则“联”代表想象力。通过“想”从记忆仓库中把两个记忆中的元素提取出来，再通过想象把它们“联”在一起，即形成“联想”。联想的基本类型有接近联想、相似联想、对比联想和因果联想。

(1)接近联想：又可以称作“时近联想”或“邻近联想”。指两个事物在时间上、空间上和经验上相接近，一个事物的知觉和回忆会引起对另一个事物的联想，从而产生相应的情绪反应。

(2)相似联想：指由某一事物或现象想到与它相似的其他事物或现象，进而产生某种新设想。事物之间的相似性可以体现在它的外形、性质、内容逻辑、情感反应上。

(3)对比联想：指事物之间完全对立或者存在某种差异而引发的联想。例如由冷想到热、由光明想到黑暗。由于事物间存在共同特征却又显示出明显的差异，从而形成的对比也能引发联想。

(4)因果联想：指事物间存在的因果关系而引发的联想，这种联想往往是双向的，可以由原因想到结果，也可以由结果想到原因。

上述几种联想方式在创意过程中并不是单独存在或单独应用的，创意者常常会交替、混合运用联想、想象等方法进行创作。联想的方式能够帮助创意者提出生动、独特的创意，联想是一种形象思维法，用形象的比喻和想象能够将信息更准确地传播，使受众容易理解，并以一种更具深意的表达方式引发受众的好奇与思考，甚至可以激发受众主动地参与到创意构想之中，共同完成对广告作品的解读。如图 4-16 是一个网页两侧的对联式广告，当用户打开网页时，广告区中掉落下几个橙子；随着用户滚动网页滚动条继续浏览内容的时候，橙子随着页面滚动到顶端，受到挤压，流出橙汁；当橙汁逐渐增多时再次出现 100% 橙汁的产品。这个广告利用浏览器的特殊属性，以形象的方式表现出了水果榨汁的过程，将滚动条的滚动与挤压的动作进行连接，从而联想到水果榨汁，准确地表现了百分百果汁的意义。创意结合了浏览器环境，同时又满足了受众的心理需求，给受众留下了深刻的印象，是一个非常巧妙的作品。

图 4-16　果汁品牌网络广告

2. 想象

想象是一种特殊的思维形式，是人脑思维对记忆的表象进行加工、改造形成新形象的心理过程。想象并不是凭空想出来的，它是基于人脑中的记忆产生的。广告创意的形成就是找寻信息传递的方法。创意人员根据产品的特点、产品的诉求，运用多种思维方式和创意方法，形成一个独特的表现形式。要形成这种独特性最重要的在于不拘泥于现成的概念和惯有的思维，要自由地发挥想象力，从中选择独特而恰当的内容。

(1)再造想象：是指根据他人的描述或图像，在头脑中形成与现实事物相应的新形象的过程。其基本条件：能正确理解文字、符号、图像、标志的意义，并具有丰富的表象储备。在广告创意中，再造想象是思维的一个重要基础。

(2)创造想象：指不依据现成的描述，而在大脑中独立地产生新形象的过程。其中创造想象的一种特殊形式，即幻想，是与个人生活愿望相联系并指向未来的想象。积极的幻想是创造力实现的必要条件，是激励人们创造的重要精神力量。

思考题

1. 互联网环境下的广告创意与传统媒介中的广告创意有哪些异同？

2. 学校里有一间餐厅或是咖啡厅最近推出新的菜单要进行宣传，请你与其他同学一起组成一个创意团队，为这次宣传创作形式多样的网络广告。

第五章　网络广告制作

本章要点

1. 掌握网络广告制作的基本流程

2. 了解网络广告文案的概念和作用

3. 掌握网络广告设计的基本原理和方法

第一节　网络广告制作基本流程

广告创意设计人员与广告主沟通，确定了广告创意之后就进入到网络广告的制作环节。网络广告的创意与执行是同样重要的，如果没有良好的执行力，那么对于广告创意的表现就大打折扣了。因此，为了把优秀的广告创意充分地体现出来，要依据一个合理的广告制作流程，确保每一个环节都被认真执行。网络广告制作是利用多种技术和手段，将文字、图形、图像、声音、动画、交互等要素结合起来，将广告创意所要表现与传达的信息和内容形象化、具体化。网络广告的制作流程大体可以分为整体规划、文案撰写、图像制作、技术开发、动画效果、声音特效等多个环节。下面我们来总结一下广告制作的基本流程及包含的具体工作。

一、网络广告形式选择

结合网络广告目标和目标受众，选择合适的网络广告形式。网络广告的形式非常多，其内容在本书的第一章已经详细说明，这里不再赘述。例如宣传活动或者新产品上市，可以选择网络硬广告的形式，其中旗帜广告是一种常见的形式。如果是针对具体的某一类消费者进行信息精准投放，则可以采用电子邮件广告或者使用微信推送。

二、网络广告文案撰写

广告文案一般指构成广告内容的文案，广告文案是一个广义的概念，它包括广告作品的广告文字、图片、场景、版式布局等。网络广告文案包括视觉元素、听觉元素和交互元素。视觉元素主要有图形、图像、字幕等；听觉元素由音乐、音效、人声构成；交互元素包括按钮、链接等。

三、网络广告设计制作

通常网络广告设计制作是将抽象的信息转化为具象的视觉元素传达给受众。网络广告设计需要在第一时间吸引消费者，并且引发他们点击以便了解更多内容或激发购买行为。视觉体验是受众的一种直观的感受，当受众在网络广告上停留一秒钟，他们就可以决定是有兴趣点击进入还是立即关闭。广告设计师会根据网络广告创意和文案，利用不同的计算机软件完成广告设计。如果是网络视频广告，广告设计师也会与导演、演员、影视制作人员共同完成广告作品。

四、网络广告投放

网络广告投放要选择一个适合企业自身的网络服务商，这取决于广告费用、企业所处的行业、服务商的可信度和影响力等因素。

五、效果监控与成本控制

通过广告站点的访问量、广告的点击率和转化次数对广告效果进行评估，然后适时做出相应修改，对以后的网络营销有指导作用。

第二节 网络广告文案的撰写

一、什么是文案

文案是广告非常重要的一部分，它主要包含两个义项：一个是指构成广告内容的文案；另一个是指从事广告文案写作的人。而对于前者有广义和狭义两种解释，广义的文案是指广告作品的全部内容，狭义的文案是专指广告作品中的文字部分。

二、网络广告文案的内容

网络广告文案主要由标题、正文、口号、随文几个部分组成。图 5-1 是一个非常典型的网络旗帜广告，以这个广告为例我们可以简单了解网络广告文案的构成元素。广告中的标题为“我，就是卡罗拉”，副标题为“闪耀每一刻的美好；第 11 代卡罗拉诞生”。

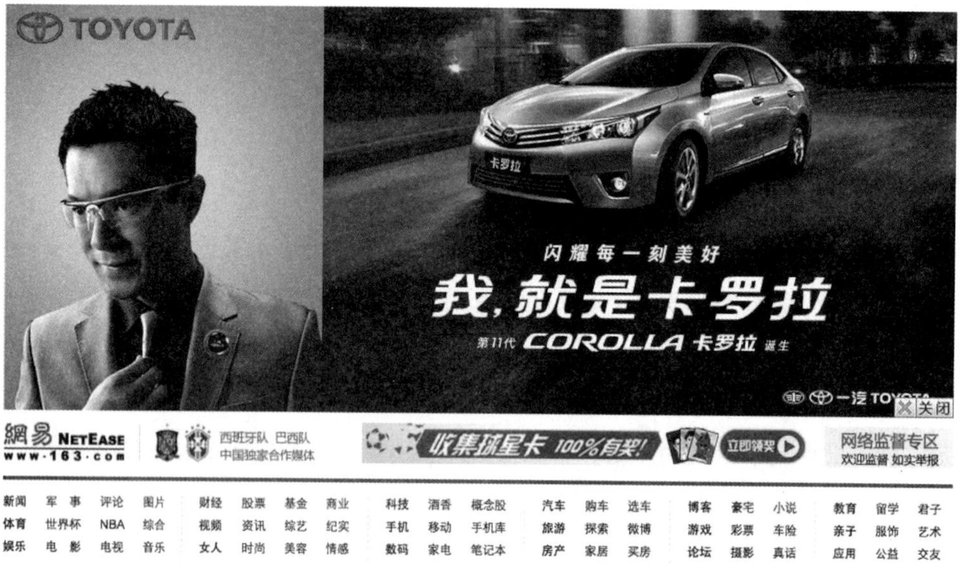

图 5 1 丰田汽车旗帜广告

（一）网络广告标题

标题是网络广告的重要组成部分，是处于主要位置的文字，它能够吸引消费者的注意力。撰写一篇优秀的网络广告文案，一个关键环节就是要有一个好的标题。一个好的标题往往决定了网络广告文案是不是具有说服力，文案是不是可以让消费者感兴趣，激发消费者去点击，由此可见标题起了非常大的作用。

网络广告标题可以分为以下几类：

1. 陈述式

陈述式广告标题以简明的词句叙述广告的核心内容。这种标题没有华丽的修辞，简单易懂，直接说明产品的特点或优势。

2. 提问式

提问式广告标题以设问句的方式来表达，这类标题能够吸引读者的注意，并且可以增强信息的个性化。

3. 新闻、故事式

这种标题类似新闻标题的表达形式或者是故事的标题，它的目的在于引起受众的注意，并且引导消费者阅读广告的正文。

4. 谐音标题式

谐音式标题利用词语、成语、歌词和诗句的谐音或同音字，结合产品信息来突出产品的特性和功能，如 acer 笔记本电脑的广告标题“E 起玩出色”(如图 5-2)。

图 5-2 acer 电脑网络广告

(二)网络广告正文

正文是网络广告文案的主体部分。正文具体内容包括产品的信息、企业形象、产品的优势和功能等。由于一般的网络广告幅面有限，所以网络广告的正文一般不会出现在主界面，而是要通过点击进入下一级页面才能看到正文的部分。广告的正文有多种撰写风格，常见的风格包括直接推销式、企业形象式、叙述式、对白式。正文在写作时需要注意以下几个方面：

(1)开门见山，主题明确。尽量将重要的内容安排在显著的位置，直接说明广告的内容及信息(如图 5-3)。

(2)运用恰当的修辞手段。在叙述正文时，可以设定一个场景或利用恰当的修辞手段提升广告内容的感染力，帮助受众理解广告信息。

(3)尽量简短地表述内容。网络广告的正文要尽量地简短，用简短的句子或者关键词点出广告要传达的重点信息。正文部分一般仅由几句话构成，要充分考虑到受众的阅读习惯和使用网络的习惯，保证受众在快速浏览的过程中准确地理解广告传达的意思(如图 5-3)。

图 5-3　奔腾汽车网络广告

（三）网络广告口号

广告口号又称广告语，它与广告标题相似，都是以简洁的语言反映广告商品的特征。与广告标语不同的是，广告口号既可以出现在网络广告的正文之前，也可以穿插在正文中。网络广告标题的主要作用是吸引消费者的注意力，引发点击，而广告口号是在为消费者建立观念，让消费者对产品有更清晰的认识，引导消费者的购买行为（如图 5-4）。

图 5-4　红牛网络广告

（四）网络广告随文

广告随文又称广告附文，是网络广告中的附加性文字，一般出现在广告的结尾部分，内容通常包括：品牌名称、LOGO、企业名称、地址、电话、网址、交互提示等信息。由于网络广告幅面的限制，所以很多网站上的网络图形广告只由广告标题和随文两部分构成，消费者点击后会进入下一级页面，了解广告的详细信息。网络广告中也可以设置一些具有提示功能的随文，例如“立即参与”“马上购买”“了解更多”等，这些提示性的文字能够帮助消费者与网络广告进行交互，正确获取广告信息并引导购买。

案　例

联合国儿童基金会网络广告

联合国儿童基金会在网易新闻频道发布旗帜广告，在广告的画面中只有广告口号和联合国儿童基金会的标识，可怜的孩子形象非常惹人关注，广告口号简单直白：“中国还有很多孩子吃不饱穿不暖。”用户点击广告后可以进入联合国儿童基金会的官网，网站首页上介绍了“有福童享”的儿童福利项目，一段详细的广告正文介绍了项目的内容，鼓励用户献出爱心，帮助困难儿童，改变他们的命运（如图 5-5）。

图 5-5　联合国儿童基金会网络广告

三、撰写网络广告文案的原则

(一)主题鲜明

标题是文案内容的高度概括,要让受众看到标题就能理解广告要传达的基本信息是什么,因此标题必须准确地概括出广告文案的主要内容,避免发生让人看半天却不清楚主题的情况。网络用户缺乏耐心,尤其更容易忽略网络广告,所以要在几秒钟的时间内让用户知晓广告的主题。

(二)简明扼要

网络广告标题和广告语是网络广告的重点,由于网络广告幅面的限制和网络用户的使用习惯,网络广告文案必须做到简短,一般的广告语以 5—10 字为宜。

(三)真实有效

网络广告文案要做到表述真实、具体,不能含糊其辞或文不对题,有一些广告文案为了获得用户的关注故弄玄虚或夸张夸大,当用户深入了解之后才发现是虚假的信息,这会导致糟糕的用户体验,让用户对品牌产生厌恶的情绪。即使吸引了大量的眼球也不能成为品牌的消费者,这种行为是徒劳的。

(四)契合网络文化

网络具有自己独特的文化特性,比如娱乐化、小众化、碎片化、草根性、互动性等。网络广告文案需要契合网络文化和网民心理特征,利用网络流行语、网络话题或相关的网络红人来吸引网络受众的关注。

第三节 网络广告设计制作

网络广告设计制作是广告创作过程中的一个重要环节,广告创意优秀与否很大程度上取决于制作执行的能力,精良的广告制作能够呈现出广告创意的内涵。网络广告设计制作是视觉的艺术,通过图形、色彩、字体、布局等方法为受众营造美好的体验,同时由于网络广告具有交互性这一特点,网络广告设计也是交互的艺术,良好的用户体验、合理的交互流程也成为受众获取信息的重要保证。网络广告根据其媒介、载体不同分为多种形式,在此我们可以大致将网络广告分为图形图像类、动画视频类、交互游戏类,主要从设计原理、设计方法来讲述网络广告的制作，除此以外，要完成广告制作，设计者也必须要学习相关计算机软件及影视创作等多方面的知识，更多内容需要大家进一步学习。

(一)网络图形广告设计制作

网络图形广告，也称品牌图形广告，是网络硬广告中一种常见的表现形式，也是占市场份额最大的一种网络广告形式，主要投放在综合门户网站、垂直类专业网站上，它的作用是提高品牌广告的曝光率，增加宣传产品和活动的信息。网络图形广告是最直观的一种网络广告形式，所承载的广告信息让人一目了然，画面通常包括图像、图形、广告语和广告附文几个部分。它的形式与传统的媒体平面广告相似，但由于网络媒体的特殊性也使网络图形广告具有自身的特点。

视觉风格设计师不应该过早地局限在对色彩、字体、图形、图像的个体研究上，而是应该着重设计视觉的构成形式，即视觉信息之间的构成关系和层次关系。在这种认知之下，设计师再对色彩、字体、字号、图形、图像上做具体的调整。灵活地运用设计美学中的对比与调和、对称与平衡、节奏与韵律以及留白等手段，通过对空间与信息内容之间的相互关系调整，建立界面的美感。我们从以下几个方面来了解网络图形广告的制作方式。

1. 网络广告中的色彩原理

在网络广告制作过程中，对于色彩的搭配有着非常严格的要求，不同的色彩及搭配方式能够给人不同的心理感受并影响受众行为。首先要了解色彩的基础理论，即色彩的三个属性：

(1)色相是指色彩具有的色调，通常色相由颜色名称标识，如红、橙、黄、绿、蓝、紫。

(2)亮度是指颜色的相对明暗程度，通常用色彩中所含的黑色和白色的百分比来度量。

(3)饱和度是指颜色的强度或纯度。饱和度用色相中灰色分量所占的比例来度量。

网络广告色彩在调配使用上与传统媒体的平面广告有区别，网络广告的传播都通过电子设备的屏幕，屏幕的色彩是由 RGB(红、绿、蓝)三种色光合成的，我们可通过调整这三个基色调校出其他的颜色，而平面广告考虑到印刷会使用 CMYK(青、品、黄、黑)四色调校颜色。在许多图像制作软件里，都有提供色彩的调配功能，设计者可以输入三基色的数值来调配颜色，也可直接根据软件提供的调色板来选择颜色。

2. 色彩的心理功能

(1)温暖感：红色、黄色、橙色令人感觉温暖。

(2)寒冷感：青色、蓝色、绿色令人感觉寒冷。

(3)兴奋感：红色、橙色、黄橙色可以令人产生兴奋的感觉。

(4)沉静感：绿色、青绿色、绿青色等可以令人沉静。

(5)膨胀感:亮度高的色彩,看起来具有膨胀感。

(6)收缩感:亮度低的色彩,看起来具有收缩感。

(7)前进感:暖色和明亮度高的色彩具有前进的感觉。

(8)后退感:冷色和明亮度低的色彩则具有后退的感觉。

(9)轻盈感:明亮度高、冷色调的色彩给人轻飘的感觉。

(10)厚重感:明亮度低、饱和度低的颜色看起来厚重。

3. 网络图形广告中的文字设计

在网络广告中对文字的设计主要体现在字体的大小、形态和文字的位置上。当然为了使文字更加美观,在设计网络广告的过程中,设计师会根据广告主题和创意要求进行独创性的文字设计,使文字具有更为良好的视觉传达效果和审美价值。但是无论如何设计首先要保证文字的辨识度和清晰度,使受众能看到并快速识别。当然文字设计得成功与否,不仅在于字体的设计,同时也在于其运用的排列方式、摆放位置是否得当。在网络图形广告设计中广告语一般比较简短,设计师需要区分文字内容的主次,采用不同的字号、字体、颜色加以区分,突出重要的信息。当然也要避免运用过多的色彩和字体,这样会导致画面失去整体性。一般网络图形广告设计中运用的色彩和字体不超过四种。除此以外,网络广告的文字设计还需要符合视线流动的顺序,能够有效地表达主题,这样才便于读者阅读并达到良好的视觉传达效果(如图 5-6)。

图 5-6 苏宁易购网络广告

4. 网络图形广告中的图形、图像设计

网络图形广告处于网页之中，如果广告所应用的图形和图像不够新颖和独特就容易湮没在网页信息之中，很难引起浏览者的注意，设计优秀的图形和图像可以给受众带来强烈的视觉感染力。网络图形广告设计中对于图形、图像的设计应遵循以下几个要素：

(1)简洁性：网络图形广告传达的广告信息大部分比较单一，一般只有几个字的广告语，那么配合这样的广告信息的广告图形、图像就应该简洁、突出重点，让人一目了然。网络图形广告的图形、图像有时会采用矢量化的风格呈现，这种形式给人轻松活泼、充满童趣之感，易于理解。

(2)冲击力：网站上会充斥着各种各样的图片、文字、动画或视频，对于网络图形广告这样一个尺寸受限、位置受限、表现形式单一的广告形式，普通平淡的图形、图像很难引起用户的注意。广告图片要在布局、配色、拍摄角度上具有独特性和设计感，营造具有视觉冲击力的图像。

(3)想象力：网络图形广告的形态比较单一，设计师需要发挥更多的想象力为网络图形广告带来更多的表现空间。可以在广告的展示位置、图形的创意表达、广告内容与媒体内容的巧妙结合等方面进行创意，使广告看起来更加有趣。

(二)动画、视频类网络广告制作

1. 动画类网络广告制作

动画具有多种视听的表现形式，以二维 Flash 动画、三维动画来进行创作的网络广告，都称为动画类网络广告。动画相比于其他艺术表现形式有着独特的优势，动画和语言的视听结合可以对主题进行更加生动地刻画，而动画的最大特点，即夸张性和非写实性，可以超越影视广告和传统媒体广告的局限，视频难以实现的创意和场景，都可以通过动画轻松实现。

随着网页动画技术的发展，动画类网络广告发展迅速。制作动画类的网络广告不仅要绘制图形、图像，还要利用多种计算机软件结合程序编写来实现。比较简单的方法是制作 GIF 动画，可以用 Photoshop 生成一个包含全部动画元素的文件，对于每一帧，先隐藏不必要的元素再分别导出成单个的 GIF 文件，最后用 GIF Animator 这类网页动画软件将各帧组合成动画文件，也可以安装 Photoshop 的动画插件，直接用 Photoshop 生成动画。除了 Photoshop，大部分的设计师使用 Flash 作为创作工具，它可以实现简单的动画，也可以实现具有复杂功能的交互式应用程序设计，Flash 可以结合声音、视频和图片，实现多媒体的表现形式。

2. 视频类网络广告制作

网络视频广告是一种常见的，且受到广告主热捧的广告传播形式，由于互联网内容的多样性和灵活性，网络视频广告具有更加丰富的表现形式，目前主要的网络视频广告类型可以分为贴片式广告、浮层式视频广告、病毒式视频广告等。

网络视频广告与传统的电视广告有很多相似之处，也有一些广告主将所做的电视 TVC 广告直接投放于网络上，但是最好还是根据网络的特点制作出单独的网络视频广告。首先，要注意控制广告时长，虽然在网络上投放广告的成本比在电视上投放广告的成本要低许多，但是广告时间过长也会对广告宣传产生不利的影响。有调查显示，大部分的用户只能容忍10 秒钟的网络视频广告，如果超过 10 秒就有可能会失去用户的注意力。其次，网络视频广告的创意应与网络紧密相关，比如利用网络热门事件、流行的网络语言作为广告的创意元素，这样可以使受众觉得更亲切，容易获得网络用户的好感。最后，由于大部分网络视频广告都以贴片广告的形式出现在视频内容之前，如果与用户所观看的内容相关就容易唤起用户兴趣。例如用户要观看某演员主演的电影，在电影播放之前播放了该演员代言产品的广告，这样的形式会比较容易使用户接受这则广告。因此，在网络视频广告投放时要考虑到广告与贴片内容相关这一原则。

3. 交互、游戏式网络广告制作

网络广告最显著的特点之一就是互动性，那么具有互动性的网络广告能够充分地体现出网络广告的优势所在。交互式的网络广告包括交互式动画、交互式视频，还有游戏形式的的广告，尤其是以 H5 技术制作的网络交互页面广告很多都是以游戏的方式来传达产品的信息，并鼓励用户参与并分享。

交互式网络广告或游戏式网络广告的制作相对比较复杂，不仅要注意交互界面的设计精美，更重要的是要设计合理的交互流程，为用户营造良好的用户体验。交互式网络广告具有比较复杂的交互流程，用户需要参与其中，通过多次点击或互动才能得到最终的结果。

(1)交互式网络广告

● 界面设计

在设计网络广告交互界面时，首先要考虑的是界面的布局、导航栏和其他交互元素的位置。也许在首界面上需要体现多种功能和元素，设计师需要将这些元素进行区分，把握住界面的整体关系，可以利用线或者线框、色块、留白等方式进行功能区分。把相关的元素组织在一起，把不相似、不相关的元素隔离开来。这样做目的是让用户不至于眼花缭乱或不知如何进行下一步的操作。我们通常的视觉浏览习惯是从左到右、从上到下的。所以在界面设计上也要遵循这样的规律，不要因追求奇特而违背了视觉规律，造成信息传递上的干扰。在合理的布局基础上，还要考虑界面的设计风格。任何交互式广告都由多个页面构成，设计师要保持页面之间的风格统一，这包括视觉风格和交互形式。

● 交互元素设计

交互元素是交互界面上最关键的一些元素，它能够暗示用户下一步应如何操作，能够体现产品的交互进程，它的形态可以赋予产品鲜明的个性，也可以协助产品实现更好的用户体验。

交互元素包括按钮元素、滑块元素、热区元素、导航元素、转场元素……而每一类中还有多种形式的交互元素，多数元素的形态和功能都贴近于它在生活中的原本的物理属性，所以用户即便在数字交互界面上见到它也不会觉得陌生而难以接受。还有一些是数字领域特有的交互元素形式，它由图形用户界面的出现而产生，例如滚动条、文本框、对话框、下拉菜单、折叠菜单等。随着数字技术的发展，交互设备也突破了传统键盘、鼠标的单一形式，多点触控、语音控制、动作识别等多种交互技术被开发出来，随之也产生了更加丰富的交互形式。

● 交互方式设计

交互方式是人机交互过程中人对机器发出指令的一种方式，一个交互式网络广告可能会有多种不同的交互方式，比如点击、拖拽、滑动、摇动等方式。

每一种功能都应该配合其相应的交互方式，交互方式的正确利用可以使用户更流畅地完成交互。美国设计心理学专家诺曼(Norman)在他所著的《设计心理学》中强调“匹配”的原则，即两种事物之间的适应关系。交互式网络广告设计制作过程中匹配的原则更体现在交互方式与用户的情感上，自然的交互方式使人们获得更好的体验效果。我们在平板电脑上阅读时可以像翻看纸质书籍一样前后翻页，用手指在屏幕上滑动页面便可以上下移动，不用一直点按“向前”“向后”的按钮；打开语音功能便可以与手机对话，发出语音指令进行信息查询。这些与情感相连的交互方式都能够唤起用户参与的兴趣，提升广告信息的传播效果。

(2)游戏式网络广告

用游戏的方式进行品牌营销传播也是网络广告的重要形式之一，特别是近几年智能手机的发展为手机游戏带来了更大的发展空间，游戏式广告成为网络广告的一大热点，产品或品牌体验都可以通过娱乐化的游戏方式进行传播，使用户在娱乐中接触广告信息。在游戏式网络广告制作中，游戏的可玩性、趣味性、操作难易程度是决定用户能否接受广告的重要因素。具体制作过程有以下几点需要注意：

● 符合网络用户的喜好

这类网络小游戏一般用户都是为了获得短时间的消遣，或者是与好友进行社交，或者是为了获得企业所提供的优惠，不同于真正的游戏玩家进行长时间游戏的情况。他们在玩游戏时的目的不同、心理不同，行为也不同。游戏内容的设计一定要贴近网络人群的特点，设定的游戏主题要符合他们的兴趣点。

● 玩法简单、易操作

游戏的交互方式要简单、易懂，能够让用户不需要学习就能快速地进入到游戏当中参与互动。游戏在首页要设计必要的操作说明和帮助选项，因为对于一部分用户来讲游戏式网络广告还是一种比较新鲜的体验，需要游戏规则来帮助他们完成操作。

● 游戏具有感染力

游戏式网络广告要想获得良好的传播效果，就要让玩过游戏的用户推荐给他们的好友，进行二次传播。比如让好友投票评价、图片分享、用户状态更新、获取优惠等功能都有助于提高游戏在用户之间的传播性。

思考题

1. 撰写网络广告文案有哪些原则？

2. 在你熟悉的网络广告作品中，评述你认为一个最好和一个最差的作品，并说明原因。

第六章　新媒体环境下网络广告的新形态

本章要点

1. 了解新媒体的传播特点

2. 了解网络广告的新形式

3. 掌握不同网络平台上的广告表现形式

任何事物都有其产生、发展的过程，新事物的成长是一个由小到大、由弱到强、由不完善到完善的发展过程。广告是商品经济的产物，同时又是一种信息传播活动。因此，社会营销环境和传播环境对广告的生存发展具有决定性意义。不同时期，社会的营销、传播环境随着生产力的发展和社会制度的变迁而改变，这就要对广告的表现手段、生存形态等方面进行调整，以实现对变化后生存环境的快速适应和动态回应。这是广告获得生存发展的必需，也是必然。从古代走向现代、从自发走向自觉，在这一过程中广告的内涵和外延随着社会经济和传播技术的改变发生了巨大的嬗变，呈现出一个动态发展的过程。

进入互联网时代以后，广告创意的内涵要更加丰富，由于网络技术的发展，媒介不断更迭，使网络环境的复杂程度远远超出传统媒体。新的媒体环境和受众碎片化的现实导致传统广告运作方式有效性的全面崩盘，传统广告与营销方式被颠覆了，产生了新的营销方式。网络营销作为新媒体营销渠道成为企业营销战略的重要途径。

第一节　新媒体的界定

麦克卢汉在《媒介即讯息》中表示：从长远的角度看，真正有意义的讯息并不是各个时代的媒介所传播或提示的内容，而是媒介本身。麦克卢汉认为，“媒介所传递的内容本身是另一种媒介”，每一种新媒介的出现都会带来社会的变革和新的行为方式的产生。因此，他认为，社会发展的基础动力是媒介本身而不是信息。因为只有某种新的媒介出现之后，人类才能通过这些新媒介进行信息传播，或从事相关的社会活动，对社会人来说，媒介最显著的特征就是大众对理解和思考社会产生某种影响。因此，对于各个时代来说，不同媒体所传播的内容不是真正有意义的“讯息”，真正有价值的信息是媒介本身和各个时代所使用的传播工具的性质、它所开创的可能性以及带来的社会变革。

关于新媒体的概念并没有精确的界定，因为“新”是一个相对的概念，随着时间的推移，新媒体的概念必然会发生变化。传统媒体融合了新技术，产生了新形态，也在不断地更新自身形式，这使新媒体的概念很难提炼出来。

2008 年，中国传媒大学廖祥忠教授从宏观角度对新媒体的定义和发展趋势作出了准确的预断，他指出“未来的新媒体将是‘以数字媒体为核心’的‘融合、融合再融合’，即传统媒体与新媒体融合、三网融合、有线网与无线宽带网融合。以‘数字媒体’为核心、以网络手机为代表的‘新媒体’，在激烈的媒体竞争过程中必将脱颖而出，成为无与伦比的万能媒体终端，并引领时代潮流奔涌向前。”[①]

在本书中，我们将基于互联网、移动互联网的手机广告、视频广告、交互式广告等定义为新媒体广告，根据当前的媒体技术、媒体交互形式来讲述广告如何在新媒体环境中展示出新的面貌。

第二节　广告形态的变化

一、多渠道的广告泛化

随着技术的发展，传媒的形态被泛化，信息传播途径广泛化，传播手段多样化和传播互动普遍化。广告信息可以通过一切途径到达任何地点的消费者，广告媒介也被泛化了，麦克卢汉解释说：媒介不仅仅指传统意义上的传播媒介，而且泛指多种技术型的工具和发明，甚至我们能想到的每一种载体、每一位消费者能接触的地方，凡是能使人与人、人与事物、事物与事物之间产生联系或发生关系的物质都可以成为广告主传播信息的介质。[②]

二、广告信息融入媒介内容

广告主将广告植入到合适的媒介背景中，使广告媒介环境或媒介内容恰当地融合在一起，最大限度地激发广告的影响力而不必对消费者形成强大的压迫力。在商业媒介的发展

① 廖祥忠：《何为新媒体》，《现代传播》2008 年第 5 期（总第 154 期）。

② 〔加〕马歇尔·麦克卢汉：《理解媒介：论人的延伸》，何道宽译，商务印书馆 2000 年版。

初期，媒介内容和广告的分界线非常明显，媒介的经营也不是以服务广告为主，而现代传媒要求媒介内容与广告之间的界限日趋模糊，这是因为媒介的主要目的除了用内容吸引受众外，还要用恰当的内容营造一个可以让广告生长的环境。广告主将媒体节目或栏目当作传播广告的渠道，将广告的形式和内容有机融合。

三、受众逆向成为广告生产者

作为广告的受众在与广告的接触过程中，也有主动参与和解码的现象。在新网络媒体成为社会传播主流的今天，消费者作为真正的生产者已经成为现实，一种新的广告传播模式开始呈现在新媒体空间——一种完全由消费者发起的广告。传媒技术的发展、信源的泛化和自媒体的广泛应用从根本上改变了传媒业的形态，对广告行业来说传统的广告作业流程已经被颠覆，不再仅仅局限于把广告公司、广告主和广告媒介作为信源，而是由受众作为广告的发起者。

第三节　网络广告的新形式

一、病毒式网络视频广告

病毒式网络视频广告是一种比较新颖的网络广告形式，它的出现引起了广告业内的关注，由于网络的传播方式和网络用户对于网络的习惯，以及社交网络的发展使病毒式广告得以产生和发展。其中有几个成功的病毒式网络视频广告效果使人震惊，它能够以低廉的广告制作费用，完全不用一分钱的广告媒介花费就在互联网上宣传产品，而广告却能够经过数百万甚至上千万人的传播得到了广泛的认知。这种低成本、大收益的广告形式简直成了广告的神话。

病毒式网络视频广告的“病毒”不是医学上所说的病毒，而是形容广告信息像病毒一样，具有自动蔓延、不断“传染”他人的能力，并通过这种方式使产品或企业获得更多的知名度。

2006 年一段网络视频引起全球网友的关注，几个年轻人趁着夜色动作迅速地翻过铁丝网，躲过看守和警犬成功潜入美国空军基地，直奔空军一号，在整流罩上喷涂上“Still Free”的大字涂鸦，这段视频拍摄的镜头晃动不断，画面粗糙、清晰度低，很像是偷拍的效果。网友在视频网站上看到这段视频之后都觉得非常好奇和不可思议，纷纷进行转发，引起不小的轰动。过了几天，ECKO 服装公司出来澄清这是他们所拍摄的广告，该品牌一直以年轻、叛逆、特立独行作为自身的品牌主张，而这次的病毒式视频广告更是根据这种品牌理念深深植入用户内心，也让大家看清楚了病毒视频广告的轮廓。

另一个案例是美国 Blendtec 公司，这家公司主要销售的产品是搅拌机，但是销量一直不太好。2007 年他们开始制作一系列的视频上传至 YouTube，视频的场景是在一个实验室里面，每一期视频他们会拿来各种不同的东西放进搅拌机，验证搅拌机是否能打碎这些东西，实验的产品包括食品、打火机、iPhone、DV 机，甚至汽车，这个视频节目唤起了观众强烈的好奇心，具有很强的话题性，观众都非常期待看到各种各样的东西放进搅拌机的结果。"Will it Blend"系列视频在 YouTube 的累计观看次数达到 2 亿次，这还不包括其他渠道的观看数量。在视频影响下，Blendtec 公司每年获得 500%－700%的订单增长，网站流量增加 650%，无数的社交网络分享，转换率提高 70%，成为家喻户晓的品牌(如图 6-1)。

图 6-1 Will it Blend 系列广告

图片来源：www.mrhua.net

以上两个病毒视频广告都是由专业的广告人员策划并制作内容上传至视频网站，供用户在网站上观看。由于视频网站的开放性，每个人都可以制作视频内容上传，所以病毒视频一方面将广告内容传递给受众，另一方面也希望受众能够参与进来，与病毒视频进行互动。那么如何实现呢？如果受众对病毒视频的内容感兴趣，可以通过模仿的方式再造病毒视频内容，网络的草根化、山寨化，在这一点上有很好的体现，受众以自己的方式进行内容创造，呼应病毒视频，实现二次传播，产品就获得更多的关注和影响力。例如联想 Yoga 平板笔记本上市之初，产品以"翻转"作为独特的卖点，邀请了许多在年轻群体中人气比较高的明星在镜头前做出翻转电脑的动作。很多年轻的网友在看到这个视频之后，就自发地开始模仿这些明星的动作，他们将自己模仿的视频也上传到网络上，形成了一个全面的病毒式营销活动。受众的自主传播效应，实现了品牌的扩散和放大，形成了用户对产品的符号记忆点。调查显示，YogaStyle 的视频点击量突破了 130 万次，"联想 Yoga"微博搜索次数达到 515 万次，转发评论7 000多次。

总而言之，病毒式视频广告是鼓励个体之间传递信息，从而通过信息的曝光和影响制造指数级增长的一种广告策略。它如同真正的病毒一样，通过自我复制的方式传递给成百上千万的人。病毒式视频成功的关键点是要发掘目标受众的关注话题或者是他们的网络习惯，创造出让观众感兴趣的视频内容，特别是创作的内容并不是一个单纯的创意，而是一个能够被炒作成集体性活动的创意。

二、微博广告

随着网络技术的发展以及微博受众人数的不断增加，微博已经由一个单纯的社交平台发展成为一个功能多元化的社会化媒体传播平台，具有信息传播和品牌推广功能的平台。网络上流行这样的一段话：你的粉丝超过了 100，你就是一本内刊；超过1 000，你就是个布告栏；超过 1 万，你就是一本杂志；超过 10 万，你就是一份都市报；超过 100 万，你就是一份全国性报纸；超过1 000万，你就是电视台。从传播性上讲，微博有别于传统的互联网媒体形态。微博具有媒体性、社交性、渠道性，它能带给媒介更多的表达元素，也为广告带来了更多的表现形式和生存形态。微博拥有庞大的用户群，利用大数据及相关技术的分析能够精确地掌握用户的社交关系、兴趣爱好及网络行为，可以对特定人群有针对性地发布广告。

根据微博的这些特点，其广告形式也具有自身的特征。微博是一个综合的媒体传播平台，图片、视频、网站、文字、动画等多元化的内容都可以在微博上传播，对于广告亦是如此，几乎任何形式的广告都可以通过微博传播，但是我们在微博上观看到的那些影响力大、散播范围广、能给人留下深刻印象的广告一定会有其独特之处。微博的传播特点和属性，使微博广告不仅是宣传产品，而是要通过微博造势来进行营销。有一些广告信息利用网络名人的微博来进行发布，由于这些名人拥有大量粉丝，可谓一呼百应，具有很大的影响力，但是这种宣传很难形成长时间的热度。而微博上的事件却更能带动受众的参与，引起情感上的共鸣，并且能够保持一定时间的热度。这些事件有一些是源自微博本身的，还有一些是植入微博的(如图 6-2)。例如微博上关于海底捞的话题甚至演变形成了“海底捞体”。“人类已经不能阻止我了。”这句话最初来自于《变形金刚 3》的一句台词，电影上映后，这句台词风靡一时，海底捞利用这句台词演变成为“人类已经无法阻止海底捞了”，微博上产生了许多关于海底捞的段子，比如“前一阵子去吃海底捞，然后跟朋友讨论刚刚丢了 iPad 很是气愤，结账的时候服务员要了我的地址，说看我心情这么不好给我邮寄一个小礼物，然后我就把地址给了她，今天竟然送来了 iPad……这是要干啥子?”、“吃晚饭客人想把剩下的切片西瓜带走，服务员说，对不起，打开的西瓜不能打包，于是作罢，临走时，服务员提来一个整西瓜，对不起，打开的西瓜不能打包，给您一个没打开的……人类已经无法阻止海底捞了。”网友们写下的体验式的感言，真实也好，调侃也罢，都在为海底捞赢得口碑。短时间内关于海底捞的搜索近 80 万，词条超过 400 万，这都验证着微博营销的力量。

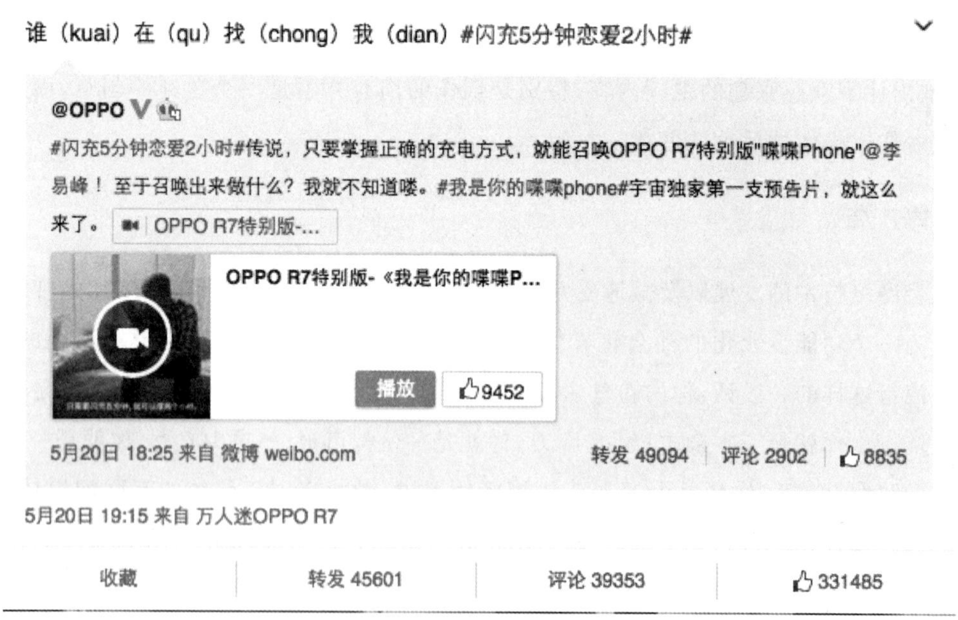

图 6-2　OPPO R7 微博广告

微博的内容与用户的兴趣和自身情况联系紧密，一般微博显示的多为用户关注信息。如果有明显的广告信息穿插其中用户也许会刻意回避，但是如果这则信息不像是广告呢?这则广告信息正是用户需要的呢? 目前由数据驱动的广告创意更注重广告的内容和受众的体验，广告信息由显性形态转为隐形形态。2012 年美国风险投资家 Fred Wilson 提出了“原生广告"的概念，他指出原生广告是一种从网站和 APP 用户体验出发的赢利模式，由广告内容所驱动，并整合了网站和 APP 本身的可视化设计（简单来说，就是融合了网站、APP 本身的广告，这种广告会成为网站、APP 内容的一部分，如 Google 搜索广告、Facebook 的 Sponsored Stories 以及 Twitter 的 tweeter promoted tweets 广告都属于这一范畴）。2013 年"原生广告"已经成为广告业的热词。原生广告强调广告信息要成为媒体内容的一部分，它与用户的信息动态融合，且与媒体的内容和视觉设计一致。在原生广告的理念提出后，微博、微信、QQ 等社交媒体都出现了这类广告形式（如图 6-3）。

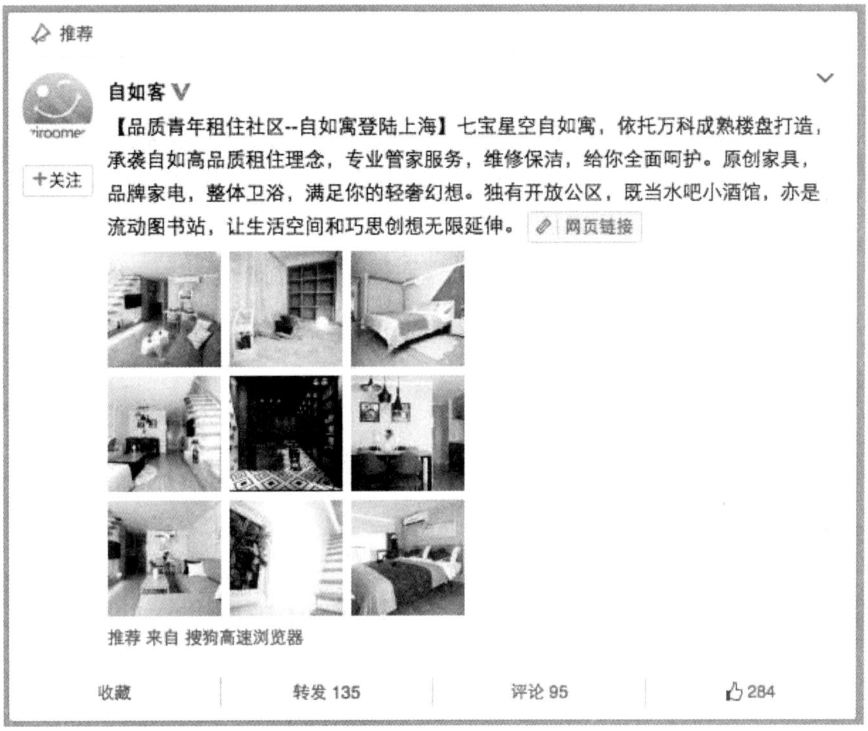

图 6-3　微博原生广告

微博也是企业进行形象宣传、品牌理念传播的一个非常重要的网络营销平台。企业可以通过微博发布品牌信息、营销活动，并与消费者进行互动。微博的多种功能也为企业提供了更多的营销方式，如微博直播、话题讨论、发放红包等多种网络活动。企业通过微博发布的信息短小、精悍，符合了网络用户快速、碎片化的阅读方式。同时，微博实时性的信息更新速度也让信息传播效率大大提高。除此之外，微博的另外一个特点在于信息的多渠道发布，微博用户可以通过手机、IM 软件，以及外部 API 接口，随时在微博当中发布信息。很多企业的官方微博已经形成了自己的风格，粉丝愿意去获取相关信息，如耐克官方微博、可口可乐官方微博、杜蕾斯官方微博等。这些微博常用轻松有趣的方式，非直接性地传递品牌信息，并且善于借助社会热点话题与粉丝互动，增加了微博内容的可读性。

微博以其独特的传播特性和传播优势成为现代广告表达的优势平台，多媒体、跨平台的传播内容，让大众积极主动地参与其中，让广告的传播更具动态性和互动性。因此基于微博平台的广告创意设计，要以适合微博的传播特性为前提，以微博平台为出发点和落脚点，这是微博广告能否产生强大传播力的重要基础。

三、微信广告

智能手机、平板电脑等移动终端设备近几年迅速普及，用户规模快速增长，用户使用黏性不断增强。以微信为代表的即时通讯工具，成为广告主关注和投放的热点。数据表明微信用户人数已经超过 6 亿，微信已经成为重要的大众传播媒体。通过微信可以快速地将文字、图片、语音、视频或是综合形式的信息进行传递。从开始单纯的语音聊天功能发展到现在，微信已经发展为集聊天、社交、电商、金融功能于一体的综合媒体。目前微信为用户提供了以下几类主要的广告形式：

（一）公众号推送广告

广告主开设公众账号，并通过公众账号向订阅的用户发送即时信息。

（二）O2O 广告

我们经常会在一些店铺门口看到这样的信息：扫描二维码，关注官方微信，成为会员，享受店内折扣。用户只需用手机扫描商家独有的二维码，就能获得一张存储于微信中的电子会员卡，可享受商家提供的会员折扣服务（如图 6-4）。这种广告形式是 O2O 的营销模式，线上获取优惠资格，线下进行购买行为。这种方式可以在短时间内吸引到大量的客户群，关注商家后，商家会通过推出优惠信息、发布产品信息等一系列促销手段培养忠实客户。

（三）基于 LBS 推送广告

基于 LBS（Location Based Service）推送广告常见于生活服务类信息的推送。可以根据用户的地理位置查找到周围的微信用户。比如用户在一个不熟悉的地方找餐厅，就可以利用微信搜索附近美食，从受众的角度来看，这是一种主动寻求广告信息的方式。另外一种情况则是由品牌进行搜索，通过对周围一定范围内用户的搜索，精确地找到目标人群并发送信息。

图 6-4　微信广告

(四)微信游戏

微信中的嵌入式游戏使广告掀起热潮。最常见的当属植入式广告，将广告内容植入到游戏中，成为游戏中的必要元素，让用户在游戏的过程中体验产品。而为产品设计制作的微信游戏也受到用户的欢迎，小游戏容易上手，趣味性强，同时又具有社交功能，非常适合微信的传播特点。另外，借助于二维码进行跨屏互动也是微信广告的方式之一。

四、移动应用程序广告

移动应用程序广告，是移动设备第三方应用程序(APP)中的内置广告，每一位智能手机用户都拥有几个甚至几十个不同种类的 APP。企业正是看到了这样的市场，将 APP 作为自身品牌的宣传渠道。企业打造自己的品牌 APP，并将品牌广告植入进去，进行品牌的自营销，APP 也成了新的移动广告平台。

有调查显示，在智能手机用户中下载过品牌 APP 的用户比例达到 80%，其中下载过 10 个以上品牌 APP 的用户达到 23%左右，用户对于美食、数码产品、服饰以及美容类的 APP 比较感兴趣，他们主要希望能从中获取品牌的产品信息和优惠信息。

思考题

1. 新媒体广告有哪些特征?

2. 请简述手机广告的类型和特点。

2. 你认为在微信上什么类型的广告效果最好，并请说明原因。

第七章　网络广告效果评估

本章要点

1. 认识网络广告效果评估的意义

2. 了解网络广告效果评估的一般标准

3. 熟悉网络广告效果评估的测量方法

第一节　网络广告效果评估概述

广义的网络广告效果评估包括对广告策划与运作在许多方面所引起的(或可能引起)目标受众的反应而进行的测量或评价。①

狭义的网络广告效果评估则是指目标受众在互联网上对广告的直接反应。②

网络广告的运作具有即时性的特点,它可以在网络广告发布执行的同时对广告的直接效果进行监测。在网络广告效果评估的运作中,狭义的广告评估可以通过对程序的设置,达成广告发布与广告效果评估同时进行。互联网的爬虫技术可以对用户的网络行为进行追踪,广告主可以通过特定的监测程序对受众的反应(更多的是对用户直接的网络行为)进行分析,并且可以生成对用户分析的详细报表,以便对网络广告效果评估进行更加广泛的综合测量和评价。

然而,广义上的网络广告效果评估往往较难测量,网络广告有时候并不会产生直接的效果,相反它有可能会通过对其他广告活动的影响,促使受众产生思想或行为上的偏向,仅仅通过简单的电脑程序是难以测量的,更多的是需要线下面向受众的实际访谈调研才能够得

①② 唐志东:《网络广告学》,首都经济贸易大学出版社 2010 年版。

出测量结果。

一、网络广告效果评估特点

传统媒体的广告效果评估难度较大，评估结果的准确度和有效度较低，主要以销售效果和传播效果为主要的调查评估方式。评估的方式主要为调查收视率、收听率、发行量或统计销售业绩来分析广告效果。传统媒体的广告效果评估具有样本数量少、主观性强、技术操作误差等原因，导致评估的结果与现实状况有差距。而网络能够直接监测受众的行为，这也成为网络广告效果评估最重要的标准。计算机技术的发展也为网络广告效果的评估提供了现实基础，网络广告的效果评估逐渐进入精确评估的阶段，为广告的精准化投放创造了可能。网络的传播属性和计算机技术的支持使网络广告效果评估具有鲜明的特点。

（一）及时性

网络媒体和广告受众的沟通速度远远超过传统媒体，受众可以直接在网络上提交反馈意见，在线提交表单或者信息，广告主可以在几分钟之内收到反馈信息，以便了解广告的传播效果、社会效果和经济效果。

（二）准确性

网络广告的数字化定量分析，可以避免在传统广告中因主观原因所造成的部分数据失真的情况。网络广告效果的调查、评估结果的客观性与准确性大大提高。无论采用何种指标，利用软件工具很容易得到准确结果。

（三）广泛性

网络广告效果评估可以对极其广泛的目标群体进行调查，庞大的调查样本数量可以提高广告效果评估的客观性和准确性。

（四）经济性

与传统广告效果评估相比，网络广告效果评估依靠技术手段，测量成本低。

二、网络广告效果评估原则

（一）相关性

相关性原则要求网络广告效果评估的内容必须与广告主所要达到的目的相关。倘若广告的目的在于推广出新产品或改进原有产品，那么广告评估的内容应针对广告受众对品牌的印象；若广告的目的是在已有市场上扩大销售，则应将评估的内容重点放在受众的购买行为上。

（二）有效性

评估要达到目的，必须以具体的、科学的数据结果而不是用虚假的数据来评估广告的效果。将掺入水分的高点击率等统计数字用于网络广告的效果评估是没有任何意义的，是无效的。这就要求采用多种评估方法，从多方面综合考察，使对网络广告效果进行评估得出的结论更加有效。

第二节　网络广告效果评估的必要性

网络效果评估既困难又花费大，但它是有其存在的必要性的。我们从不同主体的角度对网络广告效果评估的必要性做一个详细的介绍。

一、从网络广告自身角度而言

从网络广告自身角度而言，主要涉及三个方面：网络广告的传播效应、网络广告的经济效应以及网络广告的后续传播活动。

（一）网络广告的传播效应

网络广告是广告的一种。广告，即广而告之，是为了某种特定的需要，通过一定形式的媒体，尽可能广泛地向大众传播信息的宣传手段。从这一点上来看，网络广告就必须考虑它的传播效应，一则优秀的网络广告应该是具有较强的传播力，能够在较短的时间内影响较大的群体，此外还需要具备持续的传播力。这些都需要进行详细的效果评估后才能知晓。

（二）网络广告必须考虑的经济效应

广告有经济广告和非经济广告之分，对那些非经济网络广告而言，更应该考虑的是上述提到的广告传播效果。然而对经济网络广告而言，广告主最关心的问题是：这则网络广告能够为自身带来多大的利益。无法避免谈及的利益问题使得网络广告效果评估变得异常必要。

(三)为下一步传播活动提供借鉴

在进行了网络广告活动之后，唯有了解了它的广告效果，广告设计者才能够为后续的营销传播活动制定方向，决定是要继续现在的策略，还是采用新的营销策略。可以这样说，对网络广告活动效果的评估为今后的营销传播决策提供了依据。

二、从广告主角度而言

对广告主而言，他们最关注的是成本收益率[①]，即用最少的钱得到最大的经济效益。

(一)成本：知道钱花在哪了

对广告主而言，网络广告效果评估的意义在于：知道自己的钱花在了什么地方，哪些花费是必要的，哪些是浪费了的。虽然网络广告的效果评估无法精确，但是它能在总体上为所花费的成本提供一个类似"参考指标"的作用，让广告主根据这个"参考指标"来衡量多少成本投入才是最为合理的。

(二)收益：知道效果怎么样

广告主做网络广告无非就是为了提高知名度，最终达到提高销售量的目的，这就是广告主做网络广告想要的"收益"。"网络广告效果评估"可以直接为此提供答案，它能够告诉广告主此次网络广告活动的传播效果，甚至包括其带来的经济效果，这就为广告主提供了决策的依据，即"如何花最少的钱达到最大的效果"。

三、从消费者角度而言

(一)消费者作为信息接收者的角色——受者

网络广告的效果评估最直接的目的就是为了评估消费者作为接受者对此次网络广告活动的态度：能在多大程度上接受此次网络广告活动、对此次活动的喜爱度、此次活动之后是否愿意为产品付费等。而影响消费者态度的因素包括很多：此次网络广告传播的信息、传播的角度、传播的形式等。

---

① 成本收益率是指企业经营各项收入的总和与总成本的比率，它反映企业经营收入和经营耗费的比例关系，是衡量企业盈利水平和成本水平的一个综合指标，成本收入率越高，表明企业控制营业费用支出的能力越强，经营效率越高。

(二)消费者作为信息传播者的角色——传者

在新媒体环境下,几乎每个拥有社交媒体的人都是一个自媒体,一个人在社交媒体的交际范围越广,他作为自媒体身份的影响力也就越大。也正是因为这样,网络广告对受众的影响不仅仅是直接接受的这一群人,也有可能会影响到他们所能影响到的群体。

接收到信息的大众起先是作为受众,本身会对网络广告活动作一个态度的评判,与此同时,作为传者,他们有可能会将其态度用其所拥有的社交媒体表现出来,这样就对网络广告的传播效果造成了二次影响。因而,在如此复杂的媒介环境下作网络广告的效果评估是很有必要的,因为它不仅会影响到直接接触到的人,还会影响到这些人所能够影响到的人群,甚至是更多的人群,就像蝴蝶效应一样。但是对于这个影响是正面还是负面的,就需要进行非常复杂而又严谨的效果评估了。

第三节　网络广告效果评估的作用

一、网络广告效果评估有利于网络广告进一步发展

互联网的出现使信息实现了高效传播,改变了人们的生活方式和意识形态。互联网技术的发展,使网络由单向沟通模式逐渐转变为双向互动的“交互”时代。而伴随着 Web3.0 时代的到来,移动互联网出现了爆发性的增长。网民规模的迅速扩大、智能手机的快速普及,使网络广告的受众范围越来越广。网民对于网络的依赖度逐年递增。由于网络营销可以直接带动销售的发展,广告主将互联网作为营销的主要阵地。但是,目前令网站经营者和广告主感到困惑的是网络广告的效果测量、定价机制十分混乱,现在亟须解决的就是如何科学地测量消费者对网络广告刺激的反应。网络广告要健康快速地发展,主要还是看其效果测量是否能够更加规范化和精准化,帮助广告主了解自己的产品、市场、消费者。从目前数据我们可以看出,网络广告目前发展的势头十分迅猛,但需要有规范的广告效果测量方法的支撑,否则会阻碍网络广告的进一步发展。

二、网络广告效果评估是网站生存和发展的关键

目前很多网络广告的经营模式并不十分规范。有的网站广告定价很低,广告收入与经营成本大致相抵,网站运营艰难,有的网站为了粉饰门面,干脆免费为一些知名企业的产品做广告,网站处于绝对被动的地位。这是什么原因呢?一个很重要的原因就是网络广告媒体经营者没有提供出有关自己网站广告效果的准确数据,也没有合理的广告收费标准,所以

在与网络广告主(或者网络广告代理商)进行谈判的过程中必然处于被动地位。

三、网络广告效果评估是网络广告主广告投资合理化的重要因素

广告主在网上做广告主要考虑两个因素:一是广告的价格,二是广告效果。简单来说,就是之前说过的成本收益率,即广告效果与广告成本的比率。每位广告主都希望这个比值越大越好。但同时广告主却又面临两个难题:广告的收费标准合理吗? 广告面对的目标受众合适吗? 而网站经营者恰恰无法提供令人满意的方案。这样一来,广告主要么仅凭网站的知名度,要么干脆就“听天由命,孤注一掷”,广告投资就很难合理化了,这必将给企业带来潜在的隐患。

四、网络广告效果评估可以解决网站经营者与广告主之间的利益争端

一方面,网络媒体经营者希望通过网络广告来维持网站的生存发展,所以尽量采取有利于自己的网络广告收费标准。另一方面,网络广告主(或网络广告代理商)想通过网络广告来实现自己的营销目标,同时要降低广告支出,所以自然要千方百计地采用对自己有利的广告收费标准。例如:网站经营者更倾向于采用 CPM(千人成本,广告的收费基于网络上广告针对每千人的暴露成本)的定价方法,而网络广告主则更倾向于采用 Click Through(广告的收费基于浏览者实际点击网络广告的次数)。因此,要解决这个问题,必须根据客户的不同广告目的提供不同的定价方案,而这些方案的制订则必须依据科学规范的广告效果评估方法。

第四节　网络广告效果评估的标准

依据网络广告受众与广告赞助商的互动形式的不同,国外网络广告效果测定的标准主要可以分为如下几个:被动浏览(exposure model)、主动点击(click through)、交互(interactivity)和销售收入(outcomes)。

一、被动浏览

被动浏览的效果评估主要有两个标准:一是被动浏览的时间,二是被动浏览的次数。前者以上网者在广告网上停留的时间为标准,通常依据用户会话(user session)来衡量上网者在网上停留时间的多少;后者则以浏览者进入广告页面的次数为标准,这也是网络广告最常使用的一种标准,通常以印象数(impression)和浏览量(pageview)来衡量。但是每位浏览者可以在一个 session 中创造多个 impression 和 pageview,而且访问者是否注意到了赞助商的

信息还不得而知。基于这些问题，有人提出了独立访客(unique host)的概念，这样单个浏览者重复访问一个页面的问题就解决了，但是网络媒体与传统媒体的区别之一就在于它是多对多的传播方式，而传统媒体是一对多的传播方式，在网络的这种多对多的传播模式下，impression和 pageview 过多地关注像旗帜广告这样的被动广告，而广告主想达到广告目标，不能仅以此作为衡量标准，还应该考虑下面这种评估标准。

二、主动点击

这种效果评估标准是指网络广告效果的好坏，关键要看浏览者是否点击了该广告(旗帜广告或赞助商链接)，广告的收费标准依据点击的次数。仅依靠点击次数来评估广告效果是不准确的，以点击率为标准更能准确地测量广告效果。但是主动点击的衡量标准也存在一定的缺陷。有人认为浏览者点击旗帜广告的原因不应该仅仅归结于他们对这些广告内容感兴趣，旗帜广告的制作水平和创意也起了很大的作用，如果仅仅因为广告做得好，而不是因为浏览者对广告内容感兴趣，那么说明广告没有达到预期的目的，因而这种广告效果的评判标准也不是最理想的。于是，有人进一步提出以下的标准来衡量网络广告的效果。

三、交互

交互是网络媒体与传统媒体的又一重要区别，网络广告应该体现交互这一特点。对有些广告主的广告来说，浏览者仅仅看到网络广告或仅仅点击这个网络广告是不够的，浏览者还要与广告赞助商形成信息的交流，这样的网络广告才是有效的。这说明广告找到了合适的目标受众并且引起了目标受众的关注。例如，某位浏览者看到了 A 品牌电脑的旗帜广告，而这位浏览者正想购买一台梦寐以求的电脑，由于手头拮据，一时还买不起太高价格的电脑，而 A 正好出了低价位的电脑，并且在广告中强调了这一点，比如“￥4888，A 电脑搬回家!”之类的广告口号，如果这位浏览者看到这个广告，想必会点击该广告看个究竟，如果电脑的性价比合适的话，他会主动在电脑上下载关于该电脑的详细资料，或通过 E-mail、电话等手段与广告主联系，广告效果的好坏主要就看目标受众主动与广告赞助商联系次数的多少。单从这一点来看，交互的衡量标准较主动点击更能准确地反映广告的实际效果。这种衡量标准特别适合具有促销性质的广告，并与主动点击配合使用效果更好。同时，对于那些品牌和企业形象方面的广告，最好是把交互和 impression 这两种衡量标准结合起来，一方面衡量广告的认知效果，另一方面培育品牌和企业形象的忠诚度。但是，这种标准也会有其自身的缺陷，主要是由于目标受众与广告主的交流很难进行量化的衡量，且衡量的成本很高。

四、销售收入

广告能带来销售收入，那么广告当然是有效的。问题在于销售收入要在多大程度上依赖网络广告。因为销售的因素有很多，包括促销、公关、产品、价格、销售渠道、消费者的消费行为特性等。所以，如果要以销售效果为标准来衡量网络广告的效果，目前最棘手的问题在于建立网络广告人、发布与销售收入之间的相关关系模型。这个模型必须是在占有大量数据的情况下建立的，而且必须得到网站经营者和网络广告主的一致认可。然而，要做到这一点是十分困难的，传统媒体广告发展了上百年的时间，这个问题还一直没有得到有效的解决。网络广告作为仍在发展着的广告形式，将会面临更多的困难。

总结以上四种衡量标准，我们可以得出如下结论：

- 一般来说，衡量广告效果的标准越易达到，这种衡量的准确度就越低。
- 所谓衡量效果的准确是相对的概念，对于不同产品的不同目的的广告要选择不同的衡量标准。
- 每种效果评估的标准都要通过具体的实验以及时间来最终确定。

第五节　网络广告营销效果数据分析指标[①]

2009 年 6 月 18 日，中国互联网协会网络营销工作委员会成员大会在北京隆重召开，大会上发布了《中国网络营销（广告）效果评估准则》，推荐给会员单位参考，这也是该委员会首次以行业准则的方式来规范、引导日益复杂的网络营销市场，和会员单位一起推动网络广告市场的科学健康发展。

中国互联网协会网络营销工作委员会主任委员高新民表示，《中国网络营销（广告）效果评估准则》的出台，可能引发网络营销行业的讨论和思考，帮助网络营销领域的网络媒体和广告主之间建立“互信机制”，从而促进网络营销行业长期健康发展。

网络营销工作委员会秘书长王海晶介绍，随着中国网络广告行业的进一步发展，建立行业标准与规范势在必行，但这是一项长期复杂的艰巨任务，从网络营销效果评估这一行业热点话题入手，网络营销工作委员会牵头，和各会员单位一起进行一些规范性的讨论，是很好的一种尝试，会有力地促进中国网络营销行业的健康发展。

据中国互联网协会网络营销工作委员会专家组专家成员介绍，该标准在大家熟知的广告展示、广告点击的基础上，加入了点击后行为的分析，比如到达率、转化率、路径分析等，与

---

① 资料参见：http://baike.so.com/doc/2730798.html。

国际上网络广告效果分析行业通行法则相吻合，可帮助广告买卖双方减少无效用户收录，科学翔实并客观地反映网络广告有效流量的全貌，对网络广告的长期发展具有一定的参考指导价值。

一、《中国网络营销（广告）效果评估准则》

中国网络广告营销效果数据分析指标包括广告展示量、广告点击量、广告到达率、广告二跳率、广告转化率，每个指标的定义是：

（一）广告展示量

1. 指标名称：广告展示量（impression）。
2. 指标定义：广告每一次显示，称为一次展示。
3. 指标说明：统计周期通常有小时、天、周和月等，也可以按需设定。

被统计对象包括 Flash 广告、图片广告、文字链广告、软文、邮件广告、视频广告、富媒体广告等多种广告形式。

展示量一般为广告投放页面的浏览量。

广告展示量的统计是 CPM 付费的基础。

4. 指标应用：展示量通常反映广告所在媒体的访问热度。

（二）广告点击量

1. 指标名称：广告点击量（click）。
2. 指标定义：用户点击广告的次数称为广告点击量。
3. 指标说明：统计周期通常有小时、天、周和月等，也可以按需设定。

被统计对象包括 Flash 广告、图片广告、文字链广告、软文、邮件广告、视频广告、富媒体广告等多种广告形式。

广告点击量与产生点击的用户数（多以 cookie 为统计依据）之比，可以初步反映广告是否存在虚假点击。

广告点击量与广告展示量之比值称为广告点击率，该值可以反映广告对用户的吸引程度。

广告点击量统计是 CPC 付费的基础。

4. 指标应用：广告点击量通常反映广告的投放量。

（三）广告到达率

1. 指标名称：广告到达率（reach rate）。

2. 指标定义:用户通过点击广告进入被推广网站的比例。

3. 指标说明:统计周期通常有小时、天、周和月等,也可以按需设定。

被统计对象包括 Flash 广告、图片广告、文字链广告、软文、邮件广告、视频广告、富媒体广告等多种广告形式。

广告到达量与广告点击量的比值称为广告到达率,广告到达量是指用户通过点击广告进入推广网站的次数。

4. 指标应用:广告到达率通常反映广告点击量的质量,是判断广告是否存在虚假点击的指标之一。

广告到达率也能反映广告着陆页的加载效率。

(四)广告二跳率

1. 指标名称:广告二跳率(2nd-click rate)。

2. 指标定义:通过点击广告进入推广网站的用户,在网站上产生了有效点击的比例。

3. 指标说明:统计周期通常有小时、天、周和月等,也可以按需设定。

被统计对象包括 Flash 广告、图片广告、文字链广告、软文、邮件广告、视频广告、富媒体广告等多种广告形式。

广告带来的用户在着陆页面上产生的第一次有效点击称为二跳,二跳的次数即为二跳量。广告二跳量与广告到达量的比值称为二跳率。

4. 指标应用:广告二跳率通常反映广告带来的流量是否有效,是判断广告是否存在虚假点击的指标之一。

广告二跳率也能反映着陆页面对广告用户的吸引程度。

(五)广告转化率

1. 指标名称:广告转化率(conversion rate)。

2. 指标定义:通过点击广告进入推广网站的用户形成转化的比例。

3. 指标说明:统计周期通常有小时、天、周和月等,也可以按需设定。

被统计对象包括 Flash 广告、图片广告、文字链广告、软文、邮件广告、视频广告、富媒体广告等多种广告形式。

转化是指用户的身份产生转变的标志,如用户从普通浏览者升级为注册用户或购买用户等。转化标志一般指某些特定页面,如注册成功页、购买成功页、下载成功页等,这些页面的浏览量称为转化量。广告用户的转化量与广告到达量的比值称为广告转化率。

广告转化量的统计是进行 CPA、CPS 付费的基础。

4. 指标应用：广告转化率通常反映广告的直接收益。

二、广告术语和技术统计方法

(一)广告术语

1. CPM(Cost per Thousand Impressions)：每千次展示费用。根据每1 000则广告展示量收费。

2. CPC (Cost per Click)：每次点击的费用。根据广告点击量收费。

3. CPA (Cost per Action) ：每次行动的费用。根据广告转化收费，如按每张订单、每个注册用户收费。

4. CPS(Cost per Sale)：按广告带来的销售额收费。

(二)技术统计方法

1. Web 日志分析模式

Web 日志分析模式是指通过分析 Web 服务器日志来获取流量的来源，从而判断用户是否来自广告，并追踪广告用户在网站上进行的操作。当互联网用户在浏览器中打开某一网页时，Web 服务器接受请求，在 Web 日志中为这个请求创建一条记录(数据一般包括：页面的名称、IP 地址、客户的浏览器以及日期时间戳)。

该模式采用 Web 日志分析，不需要额外在网站上添加代码，不易造成数据缺失。但该模式主要以服务器端的数据为分析依据，而不管客户端的情况如何，容易造成数据不准确。且当数据量较大时，很难实时分析数据。

2. JavaScript 标记模式

JavaScript 标记模式是指通过在被统计对象网站的网页上(包括静态页面、动态页面和基于浏览器的视频播放窗口等)嵌入 JavaScript 监测代码的方式获取互联网用户访问被统计对象网站的信息。互联网用户使用浏览器访问被统计页面时，会同时向监测服务器发送统计信息，监测服务器汇总接收到的浏览器请求数量统计为监测网站或广告的流量数据。

JavaScript 标记模式有利于获取被统计对象网站的全样本(所有被用户访问过的网页和用户在被统计对象网站上的所有访问行为)的细节数据。当被统计对象网站数量和行业分布具有一定的规模后，此种模式获取的数据也可以反映互联网行业中微观和宏观的状况。

第六节　关于标准问题的讨论

一、网络广告效果评估的长期性与滞后性

网络广告效果评估是一个长期的过程，不可能在短时间内完成。网络效果可能要在一定的时间之后才会显现出来，往往存在着一个时间差，这就使广告效果评估不能在活动结束后立刻就做，还是需要一定的时间沉淀后才能更好地测评出真正的效果。

二、网络广告效果的间接性

消费者往往是在各种综合因素的影响下产生购买行为的，销售额对网络广告的依赖度很难统计出来，这就使得网络效果的评估变得比较困难。

三、网络广告效果评估的标准其困难程度与衡量的准确程度成正比

网络广告效果的评估是一个很复杂的过程，评估的标准越容易、越简单，它的准确度越低，对营销的参考价值也越低。真正有价值的网络效果评估是需要极其复杂的评测的。

四、网络广告评估的标准需要因地、因人制宜

不同的地区、公司甚至不同产品的网络广告效果的评估都有不同的标准，不能一概而论，否则就容易犯下以偏概全的错误，使得网络广告效果评估丧失应有的准确性。

五、网络广告的评估标准还需放在实际问题中去检验

网络广告评估的标准需要配合其他线下的检验活动，没有什么评估标准是绝对准确的，还应该配合实践活动去验证。

思考题

1. 网络广告效果评估的原则是什么？有哪些测量的方法？

2. 网络广告效果评估的内容有哪几个方面？具体有什么内容？

第八章 网络广告营销案例分析

本章要点

1. 了解近年来网络广告的表现形式和营销方式

2. 通过案例分析，为学生打开创意思路

案例一 Old Spice 病毒式营销

Old Spice 是宝洁公司在美国推出的一款男士护理产品。Old Spice 的市场份额虽然在不断增长，但是始终没有达到市场领先的地位。2010 年，波兰 W+K 为 Old Spice 打造了新的广告，首则广告于当年的美国超级碗推出，获得极大反响。广告语“The Man Your Man Could Smell Like”，引发轰动，这则广告在此后的戛纳国际广告节上成功摘取影视类全场大奖。

Old Spice 乘胜追击，随后在 YouTube 上开设了“Old Spice 频道”，并制作了一个后台程序，利用 Twitter、Facebook 等社交平台的 API 发起用户的评论和提问，回答并解释网友的问题，为每一个问题拍摄 20 秒的视频短片上传至 YouTube。每一段病毒视频的主角都是健硕的 Isaiah Mustafa，情节都离不开猛男、浴室和幽默的元素。在短短的三天时间里，连续拍摄了超过 150 段视频短片，吸引了超过2 000万的访问量，大大增加 Old Spice 的曝光量和知名度，使 Old Spice 一跃成为在美国销售第一的男士护理品牌。

特别是广告语“你好，女士，看看你的男人，再看看我，再看看你的男人，再看看我，可惜，他不是我。但是呢，如果他使用 Old Spice 的话，至少闻起来会像我一样。”也给观众留下深刻的印象，甚至有美国的大学就用它来鼓励学生们多去学校的图书馆，他们的广告语是：“看看你的衣服，再看看我的，被人小看，就要充实自己。你在什么位置？到图书馆，帮你提升自己的等级。”

与传统的病毒营销相比，Old Spice 的营销模式更进一步。其目的不仅是吸引了大量访客关注品牌和产品，更重要的是在病毒营销的过程中加入了互动的元素，连接 Twitter、Facebook 等社交平台，让网友参与到病毒视频的制作中。鼓励网友提问，制作人员会挑选有趣的话题制作成短片，网友在参与的过程中会不断得到乐趣，同时也期待着自己的话题能够被选中，这样就维持了参与者长久的关注度，也使营销活动的影响力得到更好的发酵。

案例二　滴滴打车红包大战

2014 年，滴滴打车和快的打车上演了一场“补贴大战”。两家公司均为乘客和司机发放补贴，快速抢夺市场，建立乘客和司机使用打车软件的习惯。发放补贴的过程也是宣传其产品、扩大影响力的过程，它的目的和广告非常相似，只是运用的方式和手段有些差异。可以说滴滴打车和快的打车将广告运营的费用作为给乘客的补贴，在短时间内推动乘客和司机绑定各自的产品，这种精准的补贴发放方式收到了显著的效果，并且与广告制作、投放的成本相比便宜了许多。随后滴滴打车启动了新一轮的营销活动：乘客使用微信支付打车费后可以返回滴滴领取红包，将该红包再分享到朋友圈或者微信群，让更多的受众了解滴滴进而受益。

在 2015 年春节期间，滴滴打车的红包大战再次打响，这一次滴滴不仅在微博、微信的朋友圈中发放红包刷屏，也邀请其他企业一同发放红包。滴滴在积累了大量用户之后，其本身已经成为一个具有影响力的自媒体，它连接着大量用户，通过社交媒体，用户会将信息扩散给更多的人。以蒙牛与滴滴合作为例，蒙牛以“牛运红包”来冠名滴滴红包，双方以 2015 年春节为契机，开展了一系列打通线上线下的紧密合作。蒙牛与滴滴推出“牛运红包幸福年”关怀活动，滴滴专车用户上车之后就有机会收到来自蒙牛的牛奶惊喜。蒙牛和滴滴还共享资源，消费者和蒙牛的伙伴、员工均可以通过微博、微信以及滴滴打车 APP 等方式参与活动，拉动身边的朋友一起抢“牛运红包”(如图 8-1)。

据媒体报道，滴滴打车的用户已经突破 1.5 亿人，每天交易量最高可达到1 000多万单，而一个红包平均有 10—15 人分享，如果转发，可能会有 10 多个人点击，一个用户可以扩散到十几个用户。有人帮滴滴算了一笔账，如果某企业发出 10 万个滴滴红包(分享成 100 万个 2 元的红包)，对于每位红包广告商也就支付约 4 毛钱的成本，总共是 4 万元的成本，却可以赚到 100 万个当地点击以及几百万人的曝光率。

所以，借助抢红包的活动，产品得到曝光和展示，而通过转发红包到微信朋友圈或群组中，能在短时间内获得更多的曝光率。通过这种方式，用户的自然增长量和留存率都得到了显著的提高，并且有效提升了用户黏性及活跃度。互联网企业的“红包”正成为一种新的营销手段和模式。

图 8-1 蒙牛与滴滴推出“牛运红包幸福年”

案例三 Adidas sky comic

Adidas sky comic 是阿迪达斯 2010 年在日本做的一次宣传活动。活动的背景是由于日本国家代表队在世界杯预选赛中表现得并不十分令人满意，日本的球迷不相信国家队能够在世界杯获得好成绩，为了让大家重振信心，Adidas 做了一个“空中漫画”的项目。

Adidas 空中漫画的项目，共跨越了 13 个城市，用了超过 5 周的时间，制作了 13 幅每幅 300 平方米的巨型连环漫画，这些漫画皆由日本全国的足球迷和国家代表队的支持者所画。他们将摄像头装在无限遥控的气球上来拍摄，而各幅漫画都是以空拍的方式完成的。

最后，这 13 幅巨型漫画中，每幅都画有国家队每个成员，以及一些支持者的祝福和鼓励，这样的成果不只是一个惊艳众人的支持秀，同时也创造了世界最大的连环漫画。一般营销活动会收到很多的赞美或奖项，但可不是每个活动都能创造世界纪录！

这项目最好的部分是让日本的孩子们认识到了世界杯的意义，在 13 个城市中约有 13 000 名学童支持者参加此空中漫画活动，并且超过 50 000 人在网络中参与了此活动，此项目还创造了超过 6 600 000 美元的媒体曝光价值。然而这一切都没有产生任何媒体的费用。

这是一个非常巧妙和有效的营销活动，它聚集了大量民众的热情，让孩子们、年轻学生们、足球爱好者们都加入了进来，每一幅漫画作品都有他们的参与。这样全国上下的参与，使活动成为线上、线下谈论的话题。线下，大家一齐参与绘制漫画作品；线上，通过社交网站，网友对球队送出祝福，并且时刻关注漫画制作的进度，期待看到漫画的情节。在漫画作品完成之后，将这些巨型的漫画作品置于机场的跑道边，让往来日本的人们都看到大家对足球的热情和喜爱，营造出了非常强烈的气氛，扩大了阿迪达斯品牌的影响力。最终 2010 年世界杯日本队进入 16 强，这是日本队在世界杯上的最好成绩。

案例四　宝马微信朋友圈广告

2015 年 1 月 21 日，一个名为“微信团队”的微信号出现在用户的朋友圈中，它发布了 6 张图和链接，形式与普通朋友圈基本一致。这则广告信息由 6 个短句构成：“它无孔不入”“你无处可藏”“不是它可恶”“而是它不懂你”“我们试图”“做些改变”。点击之后显示答案：“广告，也可以是生活的一部分。”右上角注有推广标志，用户可以点击“我不感兴趣”来屏蔽该则广告。这则广告的发布，标志着微信朋友圈广告正式亮相（如图 8－2）。

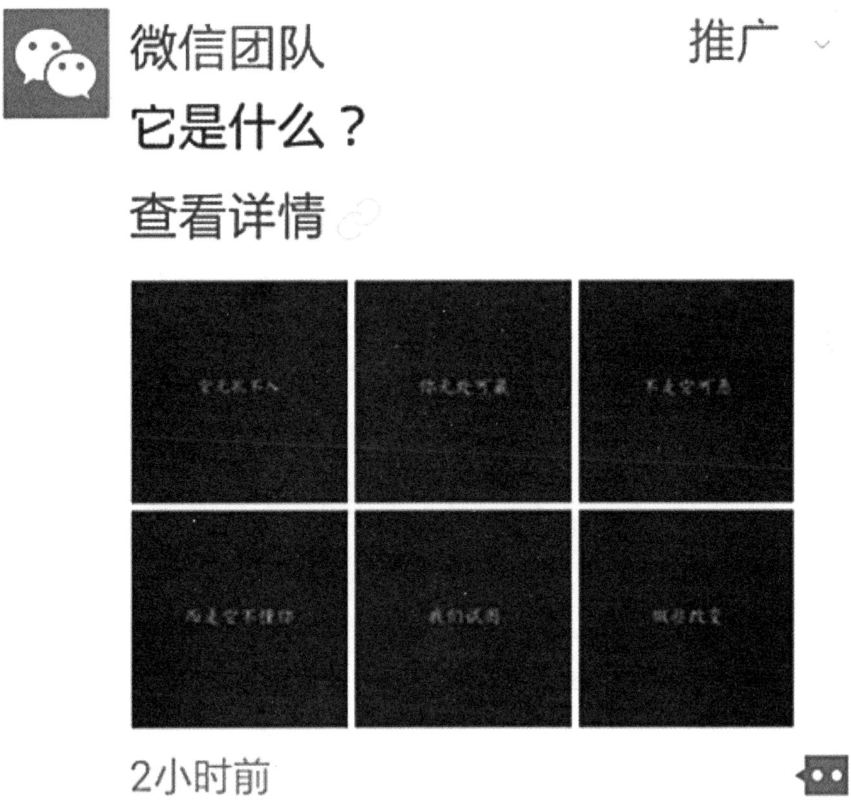

图 8-2　微信朋友圈广告

首批上线的广告有：宝马中国、vivo 智能手机和可口可乐。宝马中国的广告采用拼图形式，宣传了“悦”理念，宣传语为“越是期待已久，悦是如期而至”。点击链接之后，宝马展示了多款不同系列车型，包括5系、X5、M3、i8等并配以背景音乐。最后，还有可以编辑、分享“我的祝愿”的页面，鼓励用户分享。

vivo智能手机的广告宣传语为：“乐享极智，向音乐致敬。与你一起，认真对待每一段音乐。”并且附上了六张图片，包括摇滚、金色大厅、留声机、贝多芬等，对应天赋、自由、梦想、经典等主题。

可口可乐展示了四张图片，附文“团圆年味，就要可口可乐”，突显了红色元素。可口可乐的页面是专属微信表情，未有明显的广告元素(如图8-3)。

图8-3 宝马、vivo、可口可乐朋友圈广告

有意思的是，上述三个品牌似乎针对了不同的用户群，并不是每位用户都能看到全部广告，这也激起了大家对朋友圈广告讨论的兴趣，有网友开玩笑称，“看广告测人品。看到宝马广告的是白富美和高富帅；看到vivo的是二线城市白领；看到可口可乐的是爱美食、爱淘宝的。你看到了啥?”虽然腾讯官方并未明确说明定向投放原则，但是根据网友的吐槽和调侃，可以看出大数据投放的精准性和参照因素还有很多需要提升的地方。微信朋友圈广告的投放精准度显然有偏差，遴选的标准和准则目前还不得而知，对下一步的精准定位还需要有更多的遴选机制进行过滤。

微信朋友圈的广告位不是固定的，它与其他朋友圈内容一样，随着用户的浏览会不断向后流动。这是一种信息流广告，这种广告形式在2011年被国外的一些社交平台所应用，例如Twitter和Facebook都推出过信息流广告，将广告信息植入到用户发的消息之中，并按照用户的参与度进行收费。目前国内的微博、QQ空间也有这种广告形式。

案例五　玉兰油(Olay)：全民逆龄奇迹营销活动

2014年8月，宝洁旗下护肤品牌玉兰油推出了“奇迹赋能肌底液家族”，其中“新生塑颜肌底液(小红瓶)”是这个系列中的主推产品。为了摆脱产品同质化的影响，并给人们留下深刻印象，玉兰油的合作伙伴时趣运营团队，通过对消费者的全面分析和数据调查，洞察出其主要目标客群 25—35 岁的女性对于“重返青春”普遍有着强烈的渴望，时趣抓住了目标客群的这一情感痛点，同时引爆了关注、口碑和购买的多种传播效应(如图 8-4)。通过制造悬念营销、传统媒体新媒体组合、发布原生广告、紧贴热点开放参与节点等传播方式成功地将小红瓶的上市营造成了网络热点事件(如图 8-5)。

图 8-4　玉兰油网络广告

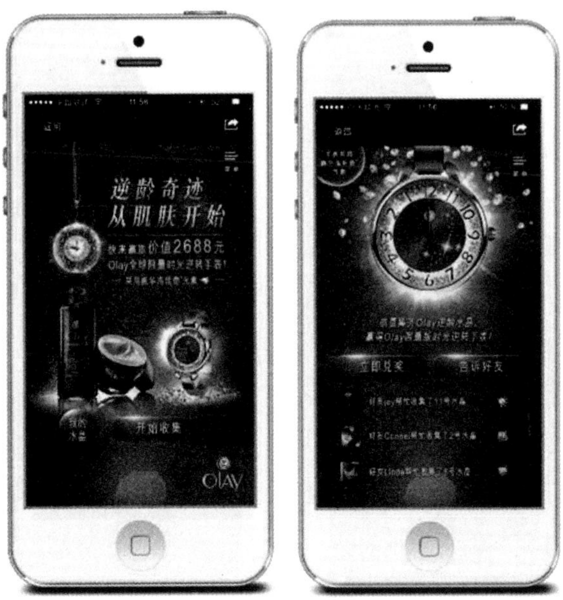

图 8-5　玉兰油网络广告

案例六　电影《失孤》微信 H5 广告

HTML5(以下简称 H5)是一种高级网页技术，我们在手机上看到的一些小游戏、邀请函、宣传页面都可以称为 H5 页面。H5 与我们平时上网看到的那些网页本质上没有任何区别，只不过那些网页技术版本是 H4。2014 年开始，H5 游戏及页面开始在手机上流行，H5 游戏具有跨平台、跨终端；无须下载安装；多入口；开发成本低等诸多特征，受到市场的良好反应，H5 游戏和页面不断在手机屏幕上刷屏。

2015 年，以大众点评网为电影《失孤》做的 H5 宣传页面为例，标题为《爸，我想你了》，打开页面后，提示："爸，我们照张相吧，找回老爸在身边的感觉。"然后用户输入老爸和自己的出生年份，接着系统自动根据用户输入的年份，推算父亲与孩子的生肖属相，两个生动有趣的生肖形象组成了一张动态合影照，并配上了感人的旁白文字。用户确认这是自己和老爸的生肖后就会进入到下一个页面，揭示这个 H5 页面的主题——《失孤》电影宣传，用户如果选择"选座抢票"就会跳转到大众点评的页面购买电影票，如果选择"分享"即将页面分享至

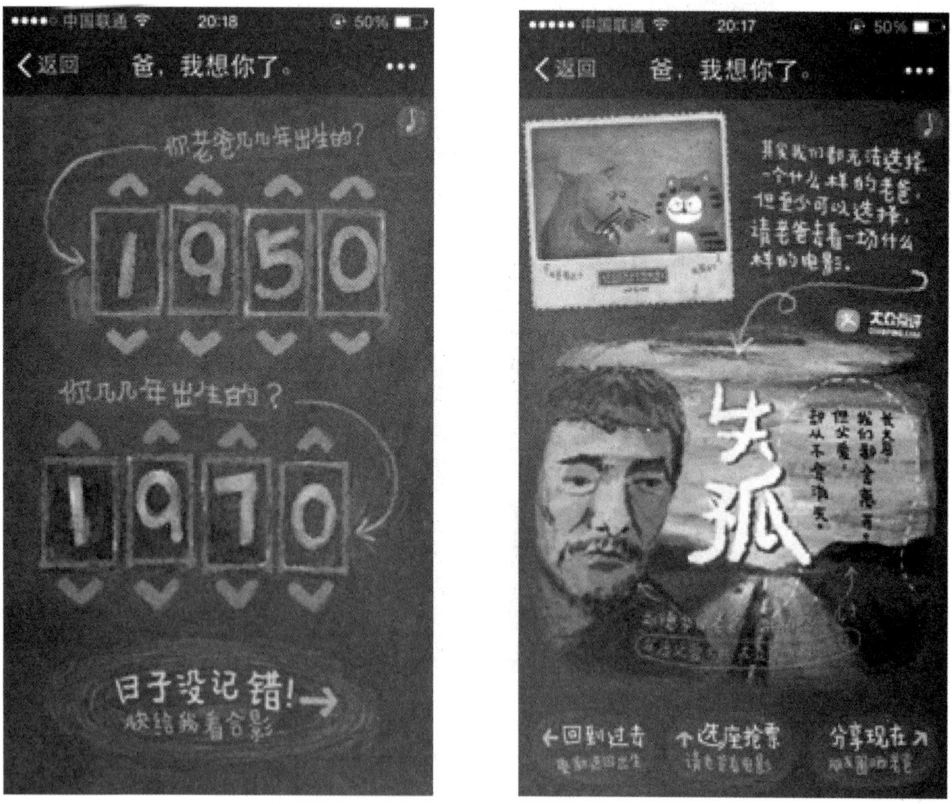

图 8-6　《失孤》网络广告

微信朋友圈(如图8－6)。《失孤》H5页面通过极其简单的画面和文字，抓住了年轻人长大后远离父母、想念父母的心情，以及需要情感倾诉的内在需求，获得了出色的传播效果。该H5页面曝光超过100万人次，引发了网友对电影的关注和对于走失儿童等相关话题的讨论。

H5页面具有较强的互动性，用户在浏览、互动时可以收获比静态页面更有趣的体验，对于信息的有效传播具有促进作用。越来越多的企业和品牌开始尝试使用H5页面进行营销活动，这种操作简单、动态效果好、易于传播的形式能够得到用户的关注。H5页面采用丰富的视觉表现形式和简短的文字去吸引用户注意力，通过动画、音乐、情节的设置来激发用户对于所传达信息的兴趣，鼓励用户参与并分享。之所以这样做，是因为H5营销，本质上是一种依赖于社交网络的病毒式营销。用户得到的消息多是来自于自己朋友的分享和转发，所以设计者的根本思路是通过更多用户的分享，达到品牌宣传或者理念传达的目的。

案例七　大众汽车——春节回家路

每逢重大节日都是各大企业争先曝光、宣传的重要时间段，各企业都希望能搭乘节日快车，进一步增强品牌影响力。春节是中国人最重要的节日，以阖家团圆、喜庆欢乐为主题，各品牌广告也会借题发挥，围绕这样的主题进行广告制作，所以在春节期间看到的广告大部分是这样的场景和广告语，难免会造成观众的视觉疲劳。但是网络广告具有交互性的独特优势，可以营造气氛，将观众带入到情节当中，使观众能够主动参与、接收信息，而不是被动地灌输。

2013年春节，一汽大众推出的“春节回家路，一路有大众”互动活动，把大众汽车与春节回家作了较为完美的结合。该活动在春节前的最后一个工作周进行，通过虚拟回家路途，让归家心切的人们提前感受到回家的喜悦。这次活动的平台在优酷大众汽车品牌专区，整体设计采用了手绘的风格，并且将我国34个省市级行政地区中有代表性的建筑物手绘成图，用户回家旅途当中所经过的城市，将自动串联成别具一格的回家之旅影像，到达家乡后还会收到意外的惊喜。

参与这次活动的步骤是：第一步，进入设在优酷的活动主页，选择回家旅途的起点和终点，挑选一辆大众汽车带你回家。第二步，登录新浪微博，选择1—3位好友与你同行。第三步，编辑回家视频名称和回家宣言，回家之旅视频自动生成，用户分享到社会化媒体并参与抽奖。第四步，转动幸运大转盘，有机会获得“回家基金”以及大众汽车模型。最后，抽奖结束后，返回活动网站首页，你的家乡将被“点亮”。

该设计将国内一些有代表性的建筑全部以手绘的形式呈现出来，风格独特的回家之旅影像，以及方言等地方元素的加入，体现出强烈的亲切感，这些都是设计的亮点(如图8－7)。

图 8-7 大众汽车网络广告

案例八 海尔热水器——洗掉烦恼大作战微信活动

海尔热水器借用微信渠道，采用 H5 游戏的形式进行广告宣传(如图 8－8)。海尔智悦热水器是即将推上市场的一款新产品，宣传的首要目的是要让消费者知道这款产品，了解产品的特点和定位。此产品的目标受众主要集中在八〇、九〇后这个有一定消费能力的群体，这个群体的人也许是刚参加工作，也许正在组建自己的家庭，对家用电器有购置需求。而这个群体也是年轻人，他们要承受来自工作和生活的压力，会产生一些负面的情绪。他们平时喜欢使用智能手机，喜欢上网，喜欢用游戏、娱乐的项目来排解自己的不良情绪或者打发无聊的时间。

这个 H5 游戏根据对于年轻人的洞察及产品的特性，设计了名为“洗掉烦恼大作战”。游戏首先设定了三种小怪物，象征着人的三种不好的情绪，即“苦恼、破财、暴躁”。游戏的规则是在 30 秒的时间内，用相同颜色冲走“小怪兽”，最终赢取“超级宝箱”。正式开始游戏之后，“小怪兽”随机出现在大浴缸中，用户需要点选相应的颜色将“小怪兽”冲走，并得到分数。30 秒游戏时间结束后，可以根据你的分数选择自玩一次或领取宝箱。如果选择领取宝箱，还会邀请用户转发给他的好友，只有这样做用户才能获得优惠。

以 H5 游戏的形式在微信上进行广告宣传的案例非常多，由于微信用户多、广告营销的成本低、H5 的表现形式多样，这些都是 H5 宣传的优势，也有越来越多的企业愿意尝试这种方式。但是由于信息的扩散需要用户的不断转发、扩散，信息也有可能给一些用户带来不便和不满。H5 游戏的目的是快速抓住用户的兴趣，帮助他们了解信息，所以大部分的 H5 游戏规则比较简单，容易上手，但是有一些也会让人觉得无聊和趣味性不够。如何用游戏黏住用户呢？有两种方式需要我们注意，一种是“签到”模式，通过用户每日签到的方式来增加用

图 8-8　海尔热水器洗掉烦恼微信活动广告

户黏度；另一种是“送奖”的方式，例如“大转盘、刮刮卡、红包”都常常作为游戏奖励鼓励用户的参与。由这款热水器广告来看，通过游戏洗掉代表烦恼的小怪兽，获得开运宝箱，游戏的同时展示智悦系列热水器以及主要卖点吸引用户了解以及购买，并号召网友分享自己的宝箱到朋友圈，让好朋友帮助一起开启宝箱抽取大奖，从而达到了二次传播的目的。

案例九　星巴克——微博星历

2013 年春节期间，星巴克在官方微博上推出“星历”进行品牌宣传。整个宣传活动由 30 张日历构成，每一幅海报都充满强烈的节日气氛和中国元素，将这个咖啡品牌与中国年主题融合在一起。

对传统的中国消费者来说，过春节很少有人会想到喝咖啡，但是星巴克用这样一个具有浓郁中国风的日历，提醒着消费者春节的来临以及在春节时我们要做的事情。“星历”在微信、微博等社交平台上推出，日历上的内容与门店提供的饮品和食品相互关联。例如在2月3日，消费者只要带父母到星巴克并给他们一个温暖的拥抱，即可享受饮品买二送一的优惠。在2月7日，消费者到店晒年货，即可享受饮料免费升级优惠。2月14日，到星巴克门店秀吻一个，且同时购买情人节对杯，可获得手工调制饮品两杯（如图8-9）。

星巴克“星历”的农历日历形式是很传统的，但是画面上的内容却是非常具有时代感的，并且日历上还会有一些促销、优惠信息，O2O式的营销方式成功吸引了消费者的参与热情。在几乎零媒体投入的情况下，“星历”活动在新浪微博上产生了超过1亿的曝光量。星巴克表示，本次节日推广带来的销售额是定期促销时的10倍。

图8-9　星巴克——微博星历

案例十　西门子——从“芯”爱上厨房

西门子推出智能自清洁油烟机后制定了专项宣传活动，此次宣传活动以“从‘芯’爱上厨房”为主题，联合线上线下，整合多种媒体进行全方位的广告宣传，形式包括海报、视频、社交平台话题讨论、移动端互动页面等（如图 8-10）。

图 8-10　西门子“从‘芯’爱上厨房”

宣传初期上线的 8 张关于清洗油烟机的创意海报引起了消费者的共鸣。海报以漫画式的风格呈现出主妇在清洗油烟机时的常用方法，以及在清洗过程中面临的尴尬问题，获得消费者的情感共鸣。同时在天极网开设专区，展开“清洁调查”，了解厨房什么地方最难清洁；拆卸油烟机的烦恼；拆洗油烟机后的问题；油烟机不清洗导致的问题等。在调查的过程中让消费者意识到油烟机带来的问题，由此再提出西门子的油烟机具备自清洁功能，引起消费者更加关注这款产品。

随后，发布网络视频广告，进一步宣传产品。广告以“浪漫”为主题，故事情节设定为女生受邀来男生家里共进浪漫晚餐，如何才能让晚餐浪漫赢取芳心呢？女生说浪漫不仅是晚餐的表面，于是男生整理了厨房，将厨房擦洗干净，但女生仍然觉得不够干净，原来是油烟机内芯没有清洗，最终男生用了一键清洗功能得到了女生的芳心。这部视频广告的故事虽然有些夸张和牵强，但是能够展示出产品的核心功能和诉求点。

在活动中网站同时推出手机互动参与，扫描二维码可以体验“清‘芯’大作战”手机互动，网友选择想要尝试的油烟机清“芯”招数。完成游戏后，将会显示你的清“芯”指数并参与价值千万电商优惠券的抽奖。如果关注西门子家电微信，更可参与 10 台西门子智能自清洁吸油烟机大奖的争夺。手机互动也与电商平台打通，方便实现购买。“清芯大作战”手机小游戏由于其独特的话题性和互动性，上线不到两周就引起网友广泛关注，并引起在微信朋友圈、新浪微博、腾讯微博上的大量自发传播。

思考题

1. 你认为一个优秀的网络广告创意包含哪些要素？
2. 如果请你来为一款新上市的国产手机做宣传，你将采用怎样的营销方式？

参考文献

〔美〕克劳德·霍普金斯著，邱凯生译：《科学的广告+我的广告生涯》，华文出版社 2010 年版。

〔美〕威廉·阿伦斯、〔美〕迈克尔·维戈尔德、〔美〕克里斯蒂安·阿伦斯著，丁俊杰、程坪、陈志娟等译：《广告：创意与文案》，人民邮电出版社 2012 年版。

〔美〕威廉·阿伦斯、戴维·谢弗、迈克尔·维戈尔德著，丁俊杰、钟静、康瑾译：《广告学》，中国人民大学出版社 2014 年版。

〔美〕詹姆斯·韦伯·扬著，祝士伟译：《创意的生成》，中国人民大学出版社 2014 年版。

〔美〕唐·E. 舒尔茨著，吴怡国、钱大慧等译：《整合行销传播》，中国物价出版社 2002 年版。

〔美〕罗杰·菲德勒著，明安香译：《媒介形态变化：认识新媒介》，华夏出版社 2000 年版。

〔美〕罗瑟·瑞夫斯著，李圣贤译：《实效的广告》，内蒙古人民出版社 1999 年版。

〔澳〕迈克尔·纽曼著，赵雪译：《广告创意法则》，电子工业出版社 2005 年版。

〔美〕菲利普·科特勒著，梅汝和等译：《营销管理》，中国人民大学出版社 2000 年版。

〔英〕戴夫·桑德斯著，何盼盼、黄语生、颜可维译：《20 世纪广告》，中国青年出版社 2002 年版。

〔美〕苏特·杰·哈利著，马珊珊译：《广告符码——消费社会中的政治经济学和拜物现象》，中国人民大学出版社 2004 版。

〔美〕艾尔·里斯、杰克·特劳特著，王恩冕等译：《定位》，中国财政经济出版社 2002 年版。

程宇宁：《广告创意：从抽象到具象的形象思维》，中国传媒大学出版社 2009 年版。

赖声川：《赖声川的创意学》，中信出版社 2006 年版。

张树庭主编：《有效的广告创意——从实例分析到理论探索》，中国传媒大学出版社 2005 年版。

陈刚、沈红、马澈、孙美玲：《创意传播管理》，机械工业出版社 2012 年版。

武齐：《中国广告学术史(1815—1949)》，知识产权出版社 2014 年版。

刘珊:《全媒体营销理论及其模型建构》,中国传媒大学出版社 2015 年版。
黄河、江凡、王芳菲:《中国网络广告十七年(1997—2014)》,中国传媒大学出版社 2014 年版。
礼秀祥:《广告与社会:广告及其生态探索》,中国书籍出版社 2015 年版。
胡正荣:《传播学总论》,北京广播学院出版社 2004 年版。
林升梁:《网络广告原理与实务》,厦门大学出版社 2009 年版。
丁俊杰、康瑾:《现代广告通论(第三版)》,中国传媒大学出版社 2013 年版。
王中义、王贤庆、黎泽潮:《广告创意思维》,合肥工业大学出版社 2005 年版。
方茜编著:《广告创意》,上海交通大学出版社 2008 年版。
王薇、龙思薇主编:《互动营销案例 100(2010—2011)》,中国市场出版社 2012 年版。
叙咏平:《新媒体广告》,高等教育出版社 2010 年版。

图书在版编目(CIP)数据

网络广告创意与设计 / 侯玥编著 . --北京:中国传媒大学出版社,2017.2 (2021.10重印)
(数字媒体艺术专业"十二五"规划教材)
ISBN 978-7-5657-1544-0

Ⅰ.①网… Ⅱ.①侯… Ⅲ.①互联网络-广告-设计-高等学校-教材 Ⅳ.①F713.8

中国版本图书馆 CIP 数据核字(2015)第 285822 号

数字媒体艺术专业"十二五"规划教材

网络广告创意与设计
WANGLUO GUANGGAO CHUANGYI YU SHEJI

编　　著	侯　玥
责任编辑	张　旭　吴　磊
装帧设计指导	吴学夫　杨　蕾　郭开鹤　吴　颖
设计总监	杨　蕾
装帧设计	徐源、刘欣怡等平面设计创作团队
责任印制	李志鹏

出版发行	中国传媒大学出版社		
社　址	北京市朝阳区定福庄东街 1 号	**邮　编**	100024
电　话	010-65450532　65450528	**传　真**	65779405
网　址	http://cucp.cuc.edu.cn		
经　销	全国新华书店		

印　刷	艺堂印刷(天津)有限公司
开　本	787mm×1092mm　1/16
印　张	11
字　数	220 千字
版　次	2017 年 2 月第 1 版
印　次	2021 年10月第 3 次印刷

书　号	ISBN 978-7-5657-1544-0/F・1544	**定　价**	45.00 元

致力专业核心教材建设　提升学科与学校影响力

中国传媒大学出版社陆续推出

我校15个专业“十二五”规划教材162种

播音与主持艺术专业（10种）
广播电视编导专业（电视编辑方向）（11种）
广播电视编导专业（文艺编导方向）（10种）
广播电视新闻专业（11种）
广播电视工程专业（9种）
广告学专业（12种）
摄影专业（11种）
录音艺术专业（12种）
动画专业（10种）
数字媒体艺术专业（12种）
数字游戏设计专业（10种）
网络与新媒体专业（13种）
网络工程专业（11种）
信息安全专业（10种）
文化产业管理专业（10种）

本书更多相关资源可从中国传媒大学出版社网站下载
网址：http://cucp.cuc.edu.cn
责任编辑：张　旭　吴　磊　　　　意见反馈及投稿邮箱：cucpoffice@cuc.edu.cn
联系电话：010-65783283